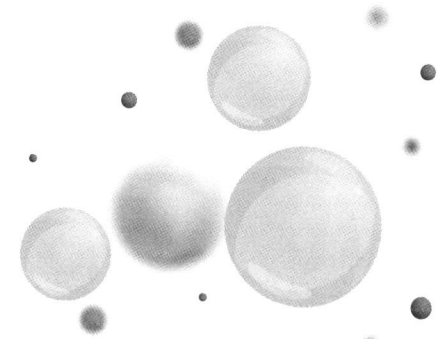

极度空间
整合科技、教育学和变革知识

Stratosphere: Integrating Technology, Pedagogy, and Change Knowledge

[加] 迈克尔·富兰（Michael Fullan）/ 著　于佳琪　黄雪锋 / 译

西南师范大学出版社
国家一级出版社　全国百佳图书出版单位

图书在版编目（CIP）数据

极度空间：整合科技、教育学与变革知识 /（加）富兰（Fullan,M.）著；于佳琪，黄雪锋译. — 重庆：西南师范大学出版社，2015.12

书名原文：Stratosphere:Integrating Technology, Pedagogy, and Change Knowledge

ISBN 978-7-5621-7713-5

Ⅰ.①极… Ⅱ.①富… ②于… ③黄… Ⅲ.①科学技术－影响－教育学－研究 Ⅳ.① G40

中国版本图书馆 CIP 数据核字 (2015) 第 301820 号

本书的版权 2014 年从作者富兰教授获得，英文版本 2013 年由 Pearson 出版社出版。简体中文由西南师范大学出版社 2016 年出版。

极度空间

整合科技、教育学与变革知识

| 著　　者：[加]迈克尔·富兰（Michael Fullan） |
| 译　　者：于佳琪　黄雪锋 |
| 责任编辑：钟小族 |
| 封面设计： 勖想 设计 |
| 排　　版：重庆大雅数码印刷有限公司·王　兴 |
| 出版发行：西南师范大学出版社　地址：重庆市北碚区天生路 1 号 |
| 　　　　　邮编：400715　市场营销部电话：023-68868624 |
| 经　　销：新华书店 |
| 印　　刷：重庆升光电力印务有限公司 |
| 开　　本：720mm×1030mm 1/16　印　张：10　字　数：110 千字 |
| 版　　次：2018 年 11 月第 2 版　印　次：2018 年 11 月第 2 次印刷 |
| 著作权合同登记号：版贸核渝字（2015）第 313 号 |
| 书　　号：ISBN 978-7-5621-7713-5 |
| 定　　价：38.00 元 |

版权声明（Credits）

25，31—32，38：版权 2012 马克·普雷斯基（Marc Prensky）；

29：李·詹金斯（Lee Jenkins）的著作《容许遗忘：美国式教育失落的九大根源》（*Permission to Forget: And Nine Other Root Causes of America's Frustration with Education*）；

52，53：詹姆斯·邦德（James Bond）/莉兹·安德森（Liz Anderson）；

55，56，57，58，61，62：来自沃尔特·艾萨克森（Walter Isaacson）的著作《史蒂夫·乔布斯》（*Steve Jobs*），由西蒙·舒斯特出版社（Simon & Schuster, Inc.）授权而重印，版权归 2011 沃尔特·艾萨克森（Walter Isaacson），保留所有权利。由国际创意管理公司（International Creative Management, Inc.）授权重印，版权归 2011 沃尔特·艾萨克森（Walter Isaacson），保留所有权利。转载自沃尔特·艾萨克森的《史蒂夫·乔布斯》：由利特尔 & 布朗出版社（Little, Brown Book Group）授权。由伦敦柯蒂斯布朗集团（Curtis Brown Group Ltd, London）联合国际创意管理公司（International Creative Management）代表沃尔特·艾萨克森而授权，版权归 2011 沃尔特·艾萨克森（Walter Isaacson）；

59—60：致谢大卫·布斯（David Booth）。

（编者注：以上页码均为原著页码）

关于作者（About the Author）

迈克尔·富兰（Michael Fullan），加拿大勋章（Order of Canada）获得者，加拿大多伦多大学安大略教育研究院的荣休教授，安大略省前省长道尔顿·麦坚迪（Dalton McGuinty）的特别教育顾问。他在安大略省及世界各地不同国家致力于推进整体系统改革方案。他曾获多个名誉博士学位，他的著作也曾获得多项荣誉并被翻译为多种语言。最新出版的著作包括：《行动的领导力》《变革领袖》《将学生带入数据》（与琳·沙拉特合著）《职业资本：在每一个学校中变革教学》（与安迪·哈格里弗斯合著）。更多信息请访问迈克尔·富兰的网站：www.michaelfullan.ca。

致谢（Acknowledgements）

在此我要感谢所有曾在许多项目中与我共事的朋友们和同事们。感谢克劳迪娅·卡特莱斯（Claudia Cuttress），曾无比支持我们所有的努力，感谢埃莉诺·亚当（Eleanor Adam）、莉兹·安德森（Liz Anderson）、詹姆斯·邦德（James Bond）、大卫·布斯（David Booth）、卡罗尔·坎贝尔（Carol Campbell）、凯特琳·唐纳利（Katelyn Donnelly）、玛丽·琼·加拉格尔（Mary Jean Gallagher）、安迪·哈格里夫斯（Andy Hargreaves）、彼得·希尔（Peter Hill）、大卫·霍普金斯（David Hopkins）、布伦丹·凯利（Brendan Kelly）、玛丽亚·兰沃西（Maria Langworthy）、肯·利思伍德（Ken Leithwood）、本·莱文（Ben Levin）、托尼·麦凯（Tony MacKay）、史提夫·芒比（Steve Munby）、查尔斯·帕斯卡（Charles Pascal）、乔安妮·奎因（Joanne Quinn）、卡罗尔·罗海瑟（Carol Rolheiser）、杰夫·斯科特（Geoff Scott）和南希·沃特森（Nancy Watson）。

许多的感谢要致以同我一起工作的MLM（Motion Leadership/Madcap）团队。感谢我的工作伙伴们，大卫·迪瓦恩（David Devine）、格雷戈·巴特勒（Greg Butler）、克劳迪娅·卡特莱斯（Claudia Cuttress）、马克·汉德（Mark Hand）、李察·莫泽尔（Richard Mozer）、琳·沙拉特（Lyn Sharratt）、比尔·霍加斯（Bill Hogarth）、马尔科姆·克拉克（Malcolm Clarke），以及所有参与有关课程、写作和数码创作的同事们。更要致谢我的三位好友兼出色的顾问，迈克尔·巴伯爵士（Michael Barber）、肯·罗宾森爵士（Ken

Robinson)和彼得·圣吉（Peter Senge）。在 MLM 团队，我们致力于通过数码课程创新，在美国的共同核心课程标准（简称 CCSS）基础上，创造一种强有力的学习产品。同时，该学习产品有望在教师实施支持系统的基础上支持整体系统改革。

感谢我最喜欢的两位政治家：安大略省前省长道尔顿·麦坚迪（Dalton McGuinty）和前任教育部部长杰拉德·肯尼迪（Gerard Kennedy）。

感谢我的家人：温迪（Wendy）、贝利（Bailey）和康纳（Conor），是他们让我们都生活在某种理想的世界中。

感谢我的出版团队加拿大皮尔森集团，马蒂·基茨（Marty Keast）、马克·科伯姆（Mark Cobham）、乔安妮·克洛斯（Joanne Close）、丽莎·迪姆森（Lisa Dimson）和凯特·雷文顿（Kate Revington）。我们有过无比愉快的合作，非常感谢他们最后出版了此书，且如此高效和高质。

这是一个通向更美好未来的极度空间：64 千米的深度，4 万千米的宽度，如果你想算上地球大气层之外的空间，它也许还更为深广。

目 录

致谢

关于作者

第一章　旅程　　　　　　　　　　　　　　　　1

第二章　科技：力量与风险　　　　　　　　　　9

第三章　教育学和变革：本质上并不难　　　　29

第四章　数字化的失落和梦想　　　　　　　　59

第五章　设计原则与变革知识　　　　　　　　99

第六章　让科技奏效　　　　　　　　　　　　129

参考文献　　　　　　　　　　　　　　　　　142

第一章　旅程

> 当今的教育体系依然成本高而效率低,并且每一个孩子都会告诉你学习超级无聊。其实,我们可以改变现状,这也会变得比我们预想的更为简单——因为新的手段将不再昂贵并将最大限度地吸引学生。

在过去的四十多年里，有三股伟大的思想相互依赖而存在，我们却未曾察觉。这三股伟大的思想分别是：科技，尤其是从第一台个人电脑在差不多半世纪之前问世以后的科技；教育学，尤其是从二十世纪六十年代高中教育被普及以来的教育学；变革知识，尤其是从二十世纪七十年代变革的实施成为人们首要考虑因素后的变革知识。这三股力量现在已经发展到了一个临界点，那就是它们巨大的协同增效作用将极大地促进学习效果。

我把这个三重组合称作"极度空间"。它比云空间更大，因为它蕴藏有一个巨大无比的互联网资源库，但是其实际位置又无法确定。然而它确实存在，并且我们可以利用手中的移动通信设备与之连接。云空间既在本地也在异地。我们没有必要通过理解云计算来享用云空间。极度空间跟云空间相似，只是它更加卓越出众令人赞叹。极度空间既包含了科技及其所蕴生的巨大并持续扩张的信息库，又容纳了以多重方式去学习的可能性——我们称之为新教育学，另外又吸收了变革知识——利用如此多的信息我们应该如何做才能改善这个世界。

我不能说这三股力量——科技、教育学与变革知识在极度空间里会有意识地寻找对方，但我可以说它们的相互联系与整合是不可避免的。这本书就是关于如何使得它们的结合更明确，并使这种结合对人类更有益处的研究。这个有意选择的词语"极度空间"隐藏着神秘、复杂与未知的多重内涵。它也包含了那些我们无法理解的秘密，比如说新的研究表明一个人的大脑会无意识地与其他人，以及表面上看似无生命的事物，产生有意义的关系。如果你愿意，它也可能创造无生命的人类。伊恩·麦吉柯蒂斯（Iain McGilchrist）的书《主人和他的使者：分裂的大脑和西方世界的形成》(*The Master and His Emissary: The Divided Brain and the Making of the Western World*)就深入探讨了大脑涉及宇宙的洞察力。① 麦吉柯蒂斯论证了我们所留心的事物不仅解读了这个世界，并且改变着世界，也改变着我们自己。

让我们先在这里留一点悬念。对于我们想要真正经历的一些事，麦吉柯蒂斯曾说："它必须进入我们的思想并改变我们，而且一定有什么东西在我们内心深处会与它产生独特的回应。"这显然与艺术有关。对麦吉柯蒂斯而言，一个伟大的艺术作品"更像是一个生命体而不是事物。我们与它的相遇至关重要并意味着什么，这取决于一个事实，那就是任何生命体本身都是一个有机的整体，并会成为背景环境的一部分，我们也身处并融入在这个背景环境中。"② 事实上，《极度空间》认为，我们体验的方式使一项伟大的技术犹如一个生命体。这也就是为什么我后来谈到，在不远的将来我们中的一

---

① Iain McGilchrist, *The Master and His Emissary: The Divided Brain and the Making of the Western World* (New Haven, CT: Yale University Press, 2009).
② Iain McGilchrist, *The Master and His Emissary: The Divided Brain and the Making of the Western World* (New Haven, CT: Yale University Press, 2009), 410.

些人可能会和机器人结婚,这绝不是什么异想天开的事。别担心,在这本书中我们将会详细地阐述,但我还想坚守在人性与宇宙神秘的边缘——一个科技必定会不断强大的秘密。最后一个抽象概念——请看看麦吉柯蒂斯是如何谈论大脑的左右半球的:

左半球永远是有意识有目的地工作:它总是在寻找一种理性结果,并抵触那些看起来毫无工具理性可言的事物。相反地,右半球在工作时毫无规划,它只关注那些无意识也无预先意向的事物。左半球的世界依赖于指示性的语言和抽象概念,倾向于清晰有力地去操控那些既定、稳固、独立、清晰、脱离语境、脱离现实、在自然中普遍存在但本质上无生命的事物。然而,右半球的世界则充满着个体的、变动的、进化的、含蓄的、实体化、互相关联并在我们所生活的背景环境中存在的生命体,但在本质上这些东西永远不能被完全掌控或完全了解,因为对这个世界来讲,它们仅仅存在于我们在意的关系中。[1]

我无法想象出一个更加深入的批判,这个批判可用于揭示当今的教育体系是多么不合时宜地为教学内容所捆绑且为什么新教育学(学习如何去学习)是如此重要。我们要去学如何学习的方法,因

---

[1] Iain McGilchrist, *The Master and His Emissary: The Divided Brain and the Making of the Western World* (New Haven, CT: Yale University Press, 2009), 174.

第一章 旅程

为这个进化的世界一直在变化并难以捉摸。我们需要紧随时代的脚步——周期性地去理解那些难以领悟的东西。只有那些明白如何学习、如何与他人或环境共存（包括"无生命体"）并让世界成为其个体进化一部分的人才能在这个世界存活。用我们的大脑在这个世界生存是一件非常令人兴奋的事情。

这本书就是关于如何将新思想融入新技术、新教育学和新变革知识中，并将其整合起来用以改革全民教育的。曾经有段时间我一直致力于这三种事务中的两样，试图把优秀的教育实践整合到我们所谓的"整体改革"（whole-system reform）中——为全省乃至全国的所有学生提高水平并缩小差距。在提高新教育学（学习如何去学习）方面，我们做的还远远不够，但这也正是各种新技术大显身手的地方。科技其实有自己的发展进程，并在绝对数量和无目标质量上凌驾于另两种之上。现在正是三者进行整合的时候，看看如何让科技有目的地加入这场混战，以便在二十一世纪为教育者和学生们改进学习提供帮助。

对于改革方面的行家（比如我）来说，涅槃意味着如何让改革更简单。改革也会变得更有乐趣，当它能够提供准确、特定而吸引人的经历，且这种经历是高产的（与付出密切相关的良好收益）、高阶的（拓展人类的独创力、问题解决力及创新力）是个体或群体可合作完成的。因此我们现在总结出了四项基本要素，虽然它们并不具有很大的规模。好消息是在过去的两三年中，随着越来越多的研究证实了它们的价值，这些要素已越来越清晰。

在加拿大安大略省的整体改革中，我们确实已取得了一定的成就。自 2003 年以来，我们改革了一个停滞不前的教育体系，在公立系统的 5000 所学校中取得了突出的进展：读写与计算能力在 4000 所小学中提高了 15%；高中毕业率也从 68% 增长到了 82%，并还在持续增长；整体士气、能力建设与主人翁意识都已深深浸入了学校、教育局以及相关政府机构中。科技到目前还没有发挥重要的作用，这也解释了为什么学生们的尖端而高阶的能力还未得到进一步的发展，根据安大略省教育质量与责任办公室（Education Quality and Accountability Office，简称 EQAO）的评估，掌握了高阶科技能力的人还只停留在学校总人数的 13% 左右。

教育学方面的研究表明，即使对于高阶技能，旨在帮助学生的小额资金投入也会换取高产的学习动力与成就感。科技可以在初期资金投入后凭借最小的成本在更大范围上促进学习体验。在接下来的几章当中，我们还会详细说明新教育学到底意味着什么，并给予"互换师生的位置"这个语义模糊的短语更精确的解释。

我们也正在学习大规模改革，通过专注于少量目标并制定有条理的战略使其不那么复杂，这些战略主要协调以下五个关键因素：内在动力、能力建设、结果与实践的透明度、各层级的领导力、积极坚定的立场。借用杰夫·克鲁格（Jeff Kluger）的理念，我称这种改革的知识为"简复化"（simplexity）——少量的核心因素（简单的

第一章　旅程

部分）可以凝聚大量的人（复杂的方面）。

我们将会看到科技的巨大危险性会使人类生活的某些方面变得更糟。我们也发现，我们可以带着更高的学习透明度和兴趣度来生活在云空间。尽管我们还在这种融合的初级阶段，但我们可以着重于它的特定本质与表征。我们可以大胆地预测，一旦这种现象变得更加明晰，正如本书的目的一样，它将会加速发展。如果你愿意，它也会快速传播。我们需要知道如何与这个新的快速传播的世界合作共存，并且尽我们最大的能力去把它转变为我们的优势。

在《极度空间》这本书中，你将会看到关于如何整合科技与教育学并为所有人制造出令人振奋而新颖的学习体验。我秉承着四项标准——它们正是亟需被带入二十一世纪的教育。新的整合发展必须是：（1）心无旁骛的投入度（对学生和教师而言）；（2）事半功倍的效率，简便而易行；（3）无处不在的科技力量；（4）深入到现实生活的问题解决能力。如今，一些付诸实践的特例已经为我们呈现了期待中的样子，但它们仍非常稀少。

在这本书中，我认为真正的改革其实是要让每一个学生的可持续学习体验成为可能。整合科技、教育学和变革知识本质上是自由的。它使得学习更加民主化，于是每一个学生都可以去学习怎样为了终生追求个人兴趣、目标与自我实现而学习。最可喜的是，学生们能够合作学习，并进一步巩固本地或远程的人际关系。因此，公民意识、人类团结、合作性问题的解决及可持续性都得到了发展。

7

更重要的是，关于如何实现整体改革的变革知识正逐步走向具体和明晰。我们也越来越了解如何使不同背景的人们积极参与到深入提高的过程中，这一过程将推进主人翁意识的形成并创造持续性进步的情景。真正让改革得以实现而非停留在理论上的因素，其实是变革在教育学与科技中也正变得极度不可抗拒。本质上来讲，本书提出的案例是科技、教育学与变革知识的三重唱形成了无人能敌的强大组合。这种汇聚是如此强大，以至于在不远的未来，我们将会看到多重的重大突破将激发我们思考怎样学与学什么的概念。教育与科技将是永远的好朋友！

在教育界，我们只不过刚刚脱离传统教育体系的边缘。当今的教育体系依然成本高而效率低，并且每一个孩子都会告诉你学习超级无聊。其实，我们可以改变现状，这也会变得比我们预想的更为简单——因为新的手段将不再昂贵并将最大限度地吸引学生。从了解科技的力量与危险，到拓展出更加简便高效的改革，再到利用我们的变革知识为所有人建立一个全新而自生的学习体系，这正是"极度空间"的奇妙旅程。

第二章 科技：力量与风险

> 当我们远远地窥探科技的命运时，我们不应该因为惧怕它的不可逃避性而望而却步；相反地，我们应该有所准备并大步向前。
>
> ——凯文·凯利（Kevin Kelly）

当我和我朋友建造出第一台虚拟现实机,我们的想法是让这个世界变得更具有创造力、感染力、同情心并丰富有趣,而不是去逃离现实。

——杰伦·拉尼尔(Jaron Lanier)

查尔斯·达尔文(Charles Darwin)晚年时曾在致朋友的一封信中写到:

一直到三十多岁的时候,大多数诗歌作品都能给我的生活带来极大的享受,例如弥尔顿、格雷、拜伦、华兹华斯、柯尔律治、雪莱等人的作品……但最近很多年,我几乎不愿阅读任何诗歌……我的大脑仿佛变成了一种机器,只用于从大量的事实中提取原理……

如果我可以重生一次,我一定会规定自己每周至少读一次诗歌或听听音乐……因为这些品味的丧失其实是幸福的流失,并极大可能会影响理智,甚至由于削弱了我们内在的情感部分而影响我的道德品质。[①]

这会不会也成为我们这代数码爱好者的未来呢? 当我们经历过新颖非凡、不可思议的科技浪潮后,等到100岁的某一天,坐在那里感慨幸福的流逝和情感本质的衰弱。 尽管科技因其似乎无穷无尽的

[①] 感谢彼得·圣吉(Peter Senge)为我送来达尔文的信,这封信写于1881年5月1日,出自 *Life and Letters of Charles Darwin* 一书。

第二章 科技：力量与风险

可能性变得越来越伟大，但这也是我们第一次去切实感受这世界将因此变得多么惊人而非凡。我们现在也正处在这样一个特殊时期去审视未来，去权衡科技力量之利弊，并共同协作争取扭亏为盈。《极度空间》正是这样一本书，帮助我们开阔眼界，以便同时看到科技的阴暗面，及其本质上又充满无限可能的启示性——毕竟没有任何一种工具能够在实际应用中做到绝对的中立与平衡。

科技的阴暗面

科技是自由的还是凶险的呢？答案是两者皆有，但我们倾向于对它神奇的力量心生恐惧，并忽视它不为人知的阴暗面。科技界的先驱们曾努力建造了当今的数码世界，现在他们却想纠正我们觉得科技仅仅是异彩纷呈的错误想法。当读到那些专家们种种担忧的时候，我们有理由感到恐惧与日俱增。

首先，让我们以耶夫根尼·莫洛佐夫（Evgeny Morozov）的书《互联网幻象：互联网自由的阴暗面》(*The Net Delusion: The Dark Side of Internet Freedom*)为例。他假设："一种天真的信仰认为互联网钟情那些被压迫者而非压迫者这种想法已被我所谓的网络乌托邦主义所揭穿：这种乌托邦主义天真地坚信网络传播的解放本质根植于其坚定地拒绝承认网络的负面作用。"①莫洛佐夫更进一步地论证了网络恰恰加强而非削弱了集权主义政权（我们不仅知道你住在哪里，也知道你喜欢什么，并爱好做什么等等）。 莫洛佐夫还引用了兰登·温纳（Langdon Winner）的不祥预示："尽管网络的力量看起来有无限可能，但是我们的技术却只是无法被完全掌控的工具。"②（之后我还会进一步论证我们如何保证尽在掌控，这种掌控可能有益或有害，但进化的历程往往偏爱前者。）

　　那么是谁导致了这个现象呢，独裁主义者还是自由主义者？我们可能无法全面地回答这个问题，法西斯主义者可能会对此心生感激，因为互联网的娱乐价值对人们来讲远胜于对政治知识的渴望。 对人们而言，与朋友们畅所欲言会比参加政治集会、了解中东战局抑或关注无聊新闻更具吸引力得多。 莫洛佐夫曾指出，"政府一定认为如果网民有其他更具吸引力的事可做，那就不会再关注政治事务了"。③ 在我们的教育改革中，我们也有专门的一个类别叫"警惕干扰"——特定的因素会影响人们对首要任务保持注意力。 人类是非常容易被分散注意力的，尤其是在同伴的怂恿之下。

　　分散注意力也许对集权政府来说是最好的方式，因为正如莫洛

---

① Evgeny Morozov, *The Net Delusion: The Dark Side of Internet Freedom* (New York: Perseus Book Group, 2011), xiii.
② Ibid., 31.
③ Ibid., 70.

第二章 科技：力量与风险

佐夫所言："通过娱乐控制民众成本更低，无需暴力的介入。"①公开的管制可能激起民愤与异议，但娱乐可以无目的性地或腐化或激化人们的思想。我们可以就这样继续生活下去，但问题是，互联网表面上看起来在使用权上人人平等，但事实上监管设备之灵活与复杂远在所有之上。②你可以选择屏蔽你的朋友或敌人，但更多有目的的敌人永远在默默地注视着你。

对于任何试图以社交网络实现公众参与和民主发展的计划来说，总有一些人在默默注视着，并且这些人并不关心那些重点。在我们的社会变革工作中我们发现还有很多事要做：关注重点、不懈地执行规则、长期的数据处理与问题解决、吸收新成员加入等等。互联网的高参与度可以很容易地被利用或曲解去做任何事情。莫洛佐夫认为，互联网本质上是在帮助或煽动不负责任的允诺。

不仅仅是政客们从我们的信息公开获取中得益，任何特权阶级的人都可以在我们本人不知情的情况下随意展示我们的面容与个性，并以非常复杂的方式利用这些信息而牟利，甚至改造我们的思想行为。让我们看看伊莱·帕理泽（Eli Pariser）的书《当心网络的过滤泡沫》(*The Filter Bubble*)，帕理泽提到了一个转折点——2009年12月4日，那一天谷歌（Google）在它的博客里默默地宣布了自己将专注于提供个性化的搜索。谷歌将来用57种参数来探寻关于

---

① Ibid., 79 – 80.
② Ibid., 96.

13

我们的很多事情——我们从哪里登录、我们的搜索历史、我们可能是什么样的人、我们可能喜欢什么——并以不那么含蓄的方式将我们指向那里。帕理泽谈道:"民主要求公民从他人的角度看问题,但我们却越来越封闭于我们自己的泡沫幻象中。"① 过滤泡沫是由搜索引擎在不断分析我们是谁(或者我们应该是谁)中而催生的。帕理泽引用了埃里克·施密特(Eric Schmidt)的话,他谈到用户希望谷歌"去告诉他们下一步应该做什么"。② 互联网乐于通过推测来构建我们的世界,可能是告诉我们什么时候想要下一块披萨以及要什么口味。正如帕理泽所言,"一个充斥着已知的世界也是一个无法学习新事物的世界。"③

不仅我们的学习会变得越来越局限,隐秘的信息世界(对有特权的人并不那么隐秘)也会变得越来越险恶。在2012年2月4日的《纽约时报》(New York Times)中,索米妮·森古博塔(Somini Sengupta)和洛瑞·安德鲁斯(Lori Andrews)分别在两篇文章中引用了不同的例证来指出信息的自由使用就如它们的可信性一样令人恐惧。例如,一个澳大利亚的学生,曾要求获取自己的脸书(Facebook)账号记录,但却收到了1222页包含了许多自己已删

---

① Eli Pariser, *The Filter Bubble: What the Internet Is Hiding from You* (New York: Penguin Books, 2011), 5.
② Ibid., 8.
③ Ibid., 15.

除的信息的记录,比如有一些是关于一个朋友心理问题的信息,甚至还有些是自己的行踪信息[1]。 换句话说,如果你使用谷歌来搜索关于某一种疾病(可能你并没有这种病),或者帮你的孩子找一个夏令营,你很快就会看到与这些搜索相关的网上广告。 这到底会让你感到很有帮助还是惴惴不安呢?

在安德鲁斯(Lori Andrews)的文章《脸书正在利用你》(*Facebook Is Using You*)中,她指出,当今的数据汇总工具可完全根据你与他人分享的兴趣爱好而将你分组归类。 安德鲁斯用一个住在亚特兰大的人为例:这个人度蜜月回来时发现,美国运通公司(American Express)已将他的信用额度降到了7000美金,不是因为他个人的信用记录有问题,而是因为他最近在异地使用了他的运通信用卡。 安德鲁斯强调,信用额度的调整正是基于数据汇总工具中的信息。 从公司的回应中可看到他们对于为什么降低他的信用额度毫无疑虑——"其他在你最近购物之处消费的用户使用了运通卡但有不良还款记录"。 安德鲁斯评论道:"你可能因为在谷歌中搜索了某一项疾病问题而被健康保险公司拒绝。 更可怕的是,如果你是一位生活在相对穷困社区的年轻人,你更有可能看到一些职业专科学

---

[1] Somini Sengupta, "Should Personal Data Be Personal?" *New York Times*, February 4, 2012, 7.

校而不是正规大学的广告。"①

简而言之,我们正被动地被标签化或被操纵,就像是心理实验中的被试者一样。但我们是在真实的生活中,而不是理论上的实验中。在我们的日常生活中,我们常常感到窒息或被他人左右,就像我们对自己的未来愚昧无知一般。事实上只有信息详实且坚定不移的方式才能奏效。为此,你需要大量的信息、交流以及基于互相信任与团队协作的社会资源。个人化并不意味着把我们送入那些商家的嘴里,最好的结果是将我们与其他品味相投的人建立联系,最坏的结果则是在我们不知情的情况下决定我们的生活。

还有很多批判的声音——他们当中绝大多数都是前沿的技术爱好者——认为我们的大脑正被扭曲向一种永久状态下的高度分散主义。在《浅薄:互联网如何毒化了我们的大脑》(*The Shallows*: *What the Internet Is Doing to Our Brains*)一书中,尼古拉斯·卡尔(Nicholas Carr)谈论了互联网的使用如何改变着他的大脑。马歇尔·麦克卢汉(Marshall McLuhan)曾说过,我们改造了我们的工具,但反过来,那些工具也改造着我们自己。卡尔正是在这本书中传达着麦克卢汉的这一思想。他是自己的实地观察者并注意到自己已经遗失了所有集中注意力的能力:"互联网似乎正在一点一点地侵

---

① Lori Andrews, "Facebook Is Using You," *New York Times*, February 4,2012,7.

蚀我那专注与沉思的能力。"①在现实生活中,卡尔注意到他的注意力仅仅在阅读一两页文字后就会慢慢涣散:"我会感到烦躁不安,失去了原有的思路,然后开始试图寻找些别的事情做。"②卡尔主要是说,他的大脑持续地对所有其他的事情感到渴望,但这些事都不是他原本打算做的事。

人类经过几百万年的进化,尽管很难相信我们的大脑可以在互联网产生之后这么短的时间内被改造,但是确有一些有关大脑可塑性的证据显示,如诺曼·多伊奇(Norman Doidge)所说,"大脑可以自我改变"。③ 想一想伦敦出租车司机吧,为了通过考试,他们可以记住伦敦超过 25000 条街道及整个城市各个地方的位置,这可以称得上是一种"知识"。 最近的研究表明,当伦敦的出租车司机需要从使用既有的"知识"转向导航系统(GPS)时,他们的大脑形状会自动为之改变;显而易见,我们的大脑会因为我们使用数码产品而随之改变。 卡尔也担心(他的理论受到很多研究的支持)我们正在远离深入系统的思考,"当我们上网时,我们进入了一种粗略阅读、快速且发散思考及浅层学习中"。④

---

① Nicholas Carr, *The Shallows*: *What the Internet Is Doing to Our Brains* (New York: W.W. Norton, 2010), 6.
② Ibid., 5.
③ Norman Doidge, *The Brain That Changes Itself* (New York: Penguin Books, 2007).
④ Carr, *The Shallows*, 115 - 16.

另一方面，我们也知道不同类型的数码产品，例如电子游戏，能够完全让我们沉浸其中废寝忘食（我曾听说过一个高度上瘾的人会在电脑旁边放一个瓶子，这样他就不需要为了去洗手间而离开那个时间紧张的游戏）。我们的极度空间世界应该是一个为了值得付出的事情而高度专注与沉浸的世界。我们确实想要创造一个数码世界，让学习者们沉迷而陶醉——"完全沉浸，专心致志，如痴如醉，甚至忘乎所以"，并且对于个人抑或群体目标都起到至关重要的作用。①

我们听过不少多任务作业者其实在处理很多事务时差强人意——"多任务能手们其实在处理不相关的事务上表现极差"，②正如克利福德·纳斯所言；比如对大多数人来讲，阅读线型文本会比阅读布满链接的文本记得多也学到的更多。不过现在让我提前透露一下我的主张，我们必须记得科技是以惊人的速度不断进化的，所以我们必须对归纳与概括十分小心——因为今天的情况往往不同于昨天。并且我们也应该看到，科技的新形态与新设计能够在不远的将来更好地服务人类与社会的需求。

当这个"分散注意力大厅"在分散着我们的精力的时候，一个好的事情是它会促使我们思考如何让科技帮助我们更好地专注并投入，例如投入到学习中。还有一点，麦吉·杰克森（Maggie Jack-

---

① Winifred Gallagher, *Rapt* (New York: Penguin Books, 2009), 10.
② Nass, quoted in Carr, *The Shallows*, 142.

son）非常担心人类将永久性地注意力分散，于是给她的书加了个副标题"心烦意乱：注意力消解与黑暗时代的来临"（*Distracted：The Erosion of Attention and the Coming Dark Age*！）杰克森理论的前提很简单："我们现在生活的方式正在一点点消磨我们深入、持久且敏锐的洞察力——这是亲密、智慧与文化演进的基石。"[1]我们正在丧失我们作为人类特有的专注、判断和意识，如杰克森所言，这将是我们的终结。

科技与人类相互改造

前面已经说了太多的忧虑与沮丧。麦克卢汉也只是部分正确。我们确实塑造着我们的工具，然后它们从一开始就改变着我们。但这种单向关系不一定非要这样保持下去，这应该变为一条双向的道路。克雷·薛基（Clay Shirky）曾谈到"奶昔的错误"，当年麦当劳为了提高自己的奶昔产品做了很多研究。几乎所有的研究者都集中于研究奶昔的成分，只有一人除外，那个研究者专注于研究人们何时购买奶昔，于是他发现了早八点正是购买奶昔的最高峰，因为那时候人们觉得奶昔更美味也容易消化。这名研究者问了一个最基本的问题："一个早八点购买奶昔的人用它来做什么？"

---

[1] Maggie Jackson，*Distracted：The Erosion of Attention and the Coming Dark Age*（New York：Prometheus Books，2008），13.

薛基说他在二十世纪九十年代的时候也犯过同样的错误，过度关注电脑和网络自身的性能，"却忽略了人类使用意愿对它们的改造"。① 这就回到了我刚刚给出的答案：扭转科技的阴暗面，不要关注科技本身——而是它的使用。

当凯文·凯利（Kevin Kelly）讨论到这个有趣的问题时，他将我们带入了更深的思考：科技究竟想要什么？ 首先，凯利在与科技的关系当中变得更为积极主动："当我们远远地窥探科技的命运时，我们不应该因为惧怕它的不可逃避性而望而却步；相反地，我们应该有所准备并大步向前。"②注意到了科技的持久性，凯利认为："对科技界（technium，他对于科技所使用的称呼）而言，人类既是它的主人，也是它的奴仆。"③我们的命运和未来就是去意识到我们将一直处于这种两难的角色中：对科技的正反面既感激又警惕。

换句话说，我们要谈的不是奶昔——而是顾客！ 科技的未来归根结底还是要关乎人类。 正如我在这本书中所讲的一样，我们要关注的是作为人类的我们，希望科技做些什么。 不得不承认这个世界上总有一些人不怀好意且利欲熏心，但事实上，人类的进化倾向于亲社会行为与团结协作：具体请参阅戴维德·威尔森（David Sloan

---

① Clay Shirky, *Cognitive Surplus: Creativity and Generosity in a Connected Age* (New York: Penguin Press, 2010), 14.
② Kevin Kelly, *What Technology Wants* (New York: Viking, 2010), 173.
③ Ibid., 187.

Wilson)的书《进化关乎每一个人》(*Evolution for Everyone*),[①]这是一本长篇巨作,以至于无法在这里细细道来。科技在其自身的进化当中并不是中立的,它可以被我们的需求所改造。它确实有自己的生命及其不可避免的发展,但我们必须一直努力的是,研究如何与机器协作而非抵抗,更不是忽略它们的存在。

在复杂性理论中,人造品与人类的进化并行向前且在进程中积极合聚,当然也总是伴随着各种可能的问题。这就是我们为什么不得不警惕我们的需求及在科技的参与下如何实现这些需求。凯利观察到,"诚然,科技正在拥有自己的主动权,并会不断扩大自己的领域,但这个领域包括——作为其最重要的结果——最大化对于我们人类的可能性。"[②]这也是为什么凯利最终回答了他的问题,并得到结论"科技想要的正是人类生活想要的"。

- 更高的效率
- 更多的机会
- 更多的新兴产业
- 更多的复杂性
- 更好的多元性
- 更好的专业化

---

① David Sloan Wilson, *Evolution for Everyone* (New York: Delacorte Press, 2007).

② Kelly, *What Technology Wants*, 352.

- 更高的普适性
- 更多的自由
- 更多的互利共生
- 更多的美好事物
- 更强的感知性
- 更强的结构
- 更好的进化性[①]

如果我们想要把这些都在科技与教育中实现,我们还有很长的一段路要走。科技在学校教育中有其自身的阴暗面,例如网络侵凌与色情短信,但它最大的问题是它没有被充分使用。学生的网络生活大多在学校之外,并且这基本上就是一个不受控、无规矩的世界,这就再次呼应了那些批评家的担忧,他们关注大脑的肤浅化与长期功能减退等问题。克劳迪亚·戈尔金(Claudia Goldin)和劳伦斯·克茨(Lawrence Katz)在一个章节中谈到他们称之为存在于美国的"科技与教育的赛跑"。[②] 你不需要任何帮助就能猜出谁获得了胜利。直到1980年,美国在教育领域与消灭不平等方面领先于世界。在过去的30年中,美国的教育质量不断下滑(目前,依据学生成就而衡量,美国排在全世界的第25位)。与此同时,不平等在美国又

---

① Ibid., 270.

② Claudia Goldin and Lawrence Katz, *The Race Between Education and Technology* (Cambridge, MA: Harvard University Press, 2008).

在不断凸显。

戈尔金和克茨做出结论："在过去的几十年中，科技已经跑在了教育的前面。而这并非是因为偏重技能的科技变革在加速，而是因为教育的发展迟缓。"①试着做一个交叉观察：科技在学校内部并没有领跑。我们这本书给出的答案绝非是要在学校大举配备科技装备——我称之为"错误的驱动"②——而是要重新思考科技如何为我所用，并推动着我们去取得更多的成就。

拉瑞·罗森（Larry Rosen）阐述了科技新生代（iGeneration）是如何远离学校的。今天的孩子们都痛恨学校，他认为是因为他们可以用不同的方式学习，而不是学校教授他们的那种方法。辅以大量的定量研究数据，罗森对科技新生代的赞美可能过于宽泛，据他而言，这代人自出生就接触科技，熟练于同时处理多个任务，喜欢虚拟社会的世界，自信且乐于改变。

但他的"持续媒体食谱"是正确的。他用一个表格来展现孩子们每天使用不同媒体的时间：6个月到3岁的孩子每天2小时35分钟；9到12岁的孩子每天9小时46分钟；16到18岁的孩子每天20

---

① Ibid., 303.

② Michael Fullan, *Choosing the Wrong Drivers for Whole System Reform*, Seminar Series Paper No. 204 (Melbourne, AU: Centre for Strategic Education, 2011), 204.

小时 20 分钟。① 一个人每天只有那么长时间，所以可推测出大部分人都是同时处理多个任务，甚至年龄很小的孩子也是如此。

罗森开始预测我们的极度空间模型，他提出："理性的教育模式必须将社交网络作为一个重要的手段用于加强学生在课堂中的兴趣与参与（我们的模型不仅考虑课堂内也考虑课堂外）……秘诀就是利用他们对社交网络的钟爱来创造他们身边的教育工具。"②

在他最新的书里罗森站在了一个更为冷静的角度，这是非常具有启迪性的（大概因为事实证据更多地揭示了科技的阴暗面）。他称这个危险的总和为"科技乱象"（iDisorder）。这本书的书名是《科技乱象：了解我们对科技的沉迷并克服它的束缚》(*iDisorder*: *Understanding Our Obsession with Technology and Overcoming Its Hold on Us*)。③

罗森一页一页地累计论据来说明科技正以紊乱而渗透的方式控制着我们的生活，从不论我们和谁在一起都要每隔几分钟检查一次的短信，到神经质般的分裂行为，包括幻象、错觉与社交回避。

罗森带领读者一起来看一系列使人衰弱的问题，这些问题并非科技引起的，但本质上却是科技造成的。他列出了关于几种人性扭

---

① Larry Rosen, *Rewired*: *Understanding the iGeneration and the Way They Learn* (New York: St Martin's Press, 2010), 29.

② Ibid., 41.

③ Larry Rosen, *iDisorder*: *Understanding Our Obsession with Technology and Overcoming Its Hold on Us* (New York: Palgrave Macmillan, 2012).

第二章 科技：力量与风险

曲方面的一些证据，都与科技在我们生活中日益显著的存在相关：自恋（所有的一切都只关乎我，我，我），痴迷（一天24小时都要反复检查自己的各种工具），上瘾（始终沉浸在情绪冲动、寻找存在感和社交异常中），极端（感到很兴奋或很低落，这完全取决于自己社交网络一天的状况），多动症（看到包含大量信息的链接而开心，睡眠不佳，无法完成自己的任务），减少高质量的人际关系（包括难以产生移情心理），臆想症（一点点身体问题都认为非常严重），外型固定（与饮食失调有关），分裂行为（变得更加孤独、冷血和孤僻），窥阴癖（宁愿窥视也不参与）。这些就可以充斥着你的一天！

罗森已经研究这一领域很多年了，他的科学研究最早于二十世纪八十年代开始直到现在。他得出结论：我们对科技的依赖与日俱增，但最糟糕的是我们"兴高采烈地在这条通往科技乱象的路上游荡着"，丝毫没有意识到到底在发生着什么。①

罗森的主要观点，正如这一章的主题，并不是我们应该贬低科技，而是需要明白它危险的另一面，以便于减少它让人成瘾的魔力，并最大化其积极向上的一面。这其中最根本的问题就是，到底谁执掌一切：人类还是机器？

当谈到教育与学校，一系列的问题变得显而易见。学校的无聊并不会与外界成瘾的科技圈相悖。在学校里，由于科技的缺失或肤浅的使用，科技变得惹人注目。《极度空间》这本书想要改变这一切。科技如何能够帮助我们打开眼界，并深度投入到学习与合作性

---

① Ibid., 14.

25

问题解决中呢？一句话，如果合理使用，科技能够帮我们快速飞跃到一个人类无限憧憬并满足的未来。

本书的余下部分将讨论：（a）美国学校的危机；（b）过去三十年拙劣的方案只是让一切更糟糕；（c）一定程度的发展已经在科技与教育中展现（分别发展到了现在这一时间点），这使得确定一个强有力的解决方案会在不远的将来成为可能。本质上讲，这个方案包括将教育学（尤其是基于我们如何学习）的发展充分融合到科技（尤其指投入度）与变革知识（尤其指让变革更容易）中。如果我们能将这种融合进行好，学习的闸门将会打开，也将会有势不可当的能量与参与度的大爆炸，这将惠及每一个人和全世界。

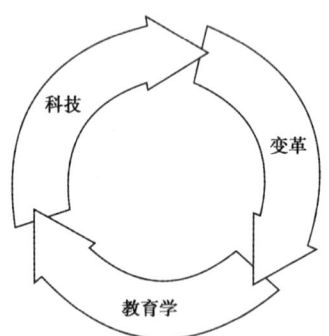

图 2-1 极度空间的构成要素

在第三章中，我将讨论教育学与变革，以一个新教育学的图景而结束，以及为什么改革前景比我们预想的要好。第四章将直接审视数码驱动力——目前还很令人失望，但是充满梦想与可能——包括能从本质上改革课堂与学校的新教育学，而这种可能的实现取决于只有赋予科技一个崭新的、主要的角色。第五章将讨论变革与变革知识的设计问题——我们所知的在更大范围上如何实现变革。是什么将引领我们实现所谓的"整体改革"呢——包括所有的学校、学区、州/省、国家、学生和老师？这些令人振奋的新设计标准已成为我们的整体改革知识的一部分，它们将在不远的将来创造无限的可能性。最后，在第六章中，我们将试着与科技和平共处。科技可以变得无比凶险阴暗，但也蕴含着无限积极与启示的潜力。现在正是时候来定义学习游戏是一种与科技的赛跑。

欢迎来到极度空间。

第三章　教育学和变革:本质上并不难

> 在二十一世纪里,你知道什么,相比于你能利用你知道的做什么,已经变得越来越不重要。创造新知识或解决新问题的兴趣与能力,才是当今所有学生需要掌握的唯一一项重要技能。
>
> ——托尼·瓦格纳(Tony Wagner)

极度空间

长久以来大家普遍认为，亚洲学生无论在哪里都学有所成，因为相比之下他们勤勉认真，而美国学生则懒惰成性。我知道你是怎么样的，但如果我无聊的时候会变得懒惰。只有一件比无聊更可怕的事情，那就是你必须担负起教授那些深感无聊的学生的责任，同时你还不能以你想要的方式去教学。"极度空间"正是要让学生和老师的生命都重焕光彩。他们彼此的学习命运紧紧相连密不可分。在这一章中，我将着重探讨既为学生又为成人的"轻松变革"，还将探讨新教育学，尤其是其中较容易改革的部分（困难的部分将是如何改变那些墨守成规的组织——但这并不会像预想的那么难）。

我其实是一个"简约派"（the skinny）[①]的粉丝。一个问题和它的解决方案的本质到底是什么？几乎所有的重大突破都源于关注少量的核心目标并创造出一些简约、优美又与众不同的事物。为了达到这种简易解决方案，设计工作极为艰巨，但是使用过程令人投入，就算是繁重的工作但看起来依然轻松。"简约派"在教育中主要体现在两方面：投入度与效率（高收益）。科技、教育学与变革知识的潜在融合旨在设计一种学习体验，这种学习体验的过程和内容可以自然而然地实现高收益。

我的同事菲尔·斯科勒克蒂（Phil Schlechty）从事研究四十余年，试图说服教育者们相信一个道理：教师的表现其实不算什么，重

---

① Michael Fullan, *Motion Leadership：The Skinny on Becoming Change Savvy* (Thousand Oaks, CA：Corwin Press, 2010).

要的是学生的成就。[1] 学习最重要的是有意识的投入。正如斯科勒克蒂所说，投入度高的学生会注意力更集中，更愿意承担学习的责任，持久度更高，也更容易在各种任务中发掘潜在的意义与价值。只有这样的学生才会发现学习是值得自己付出的一件事（高收益）。

让我们先把科技搁置一边，仅仅考虑一下变革是如何在学生或者成年人（教师）身上发生的。我们会发现，近年来的研究表明，这样的变革往往比我们预想的要简单得多。

变革与学生

从2003年到2011年，在安大略省境内的900所学校中，我们将高中毕业率从68%提高到了82%。这其实是件非常容易的事，稍后我会在这一章节告诉你为什么以及它是怎样实现的，不过现在让我们先来看看一些颇有启示的研究。大卫·耶格尔（David Yeager）和格雷戈里·沃尔顿（Gregory Walton）曾写过一份研究评论，题目叫《社会心理干预与教育：这并非魔术》（Social-Psychological Inter-

---

[1] Phillip Schlechty, *Engaging Students: The Next Level of Working on the Work* (San Francisco: Jossey-Bass, 2011).

ventions in Education：They're Not Magic）。[1] 他们发现那些针对学生关于学校的思想、情感与信仰的短期练习可以帮助学生获得较大的学习成就，并且可降低几个月甚至几年后的成就落差。 以学生的主观体验为训练目标是关键，通过寻找意义实现投入是一种路径，这也是"简约派"在有效学习干预上的宗旨。

他们呈现了大量的例证，我在这里引用其中的两个。 一个研究发现，参加了八期培训班的学生了解到大脑就像一块肌肉并会随着使用而成长，这些学生在余下的学年中数学成绩迅猛提高，但对照组的学生参加了有关学习技巧的培训班后并无任何提高。 另一个研究表明当学生们被要求在15到20分钟内写下个人核心价值后，到了学期末非洲裔与欧洲裔美国学生的差距缩减了40%，并且这种成果通过额外的写作干预训练后可得以维持。

为什么一个简单的心理实验就可以对那么多难以逾越的问题产生作用呢？ 简单来说正是由于它改变了学生的思维模式，且为学生创造了新的与学习机会相关联的方式。 因此，看起来非常简单的干预可以对学生产生重大的影响。 这些干预手段不必进入学生的意识层面来施加影响。 如果一个信息影响了学生对学校或者自己的想法和感觉，那么它会在潜意识层面起作用。 耶格尔和沃尔顿称这些为

---

[1] David S. Yeager and Gregory M. Walton, "Social-Psychological Interventions in Education：They're Not Magic," *Review of Educational Research* 81, no. 2 (2011)：267 - 301.

"隐秘"(stealthy)介入——一种提升效率的高质量干预模式。在这些干预方式中,并没有直接劝导学生去换种方式思考,而是"简单地传递一种呼吁给那些被动接受的学生,每一种介入都在鼓励学生主动(但不知不觉)参与或自己制造介入"。[1]

这些"隐秘"介入的额外益处就是它们不会强加给学生什么观点。它们不会挑选出一些学生让他们寻求帮助。隐秘介入的过程简短,因此也就成本低廉。按照耶格尔和沃尔顿的观点,它们的作用又可以如此长久,因为它们调动社会、心理和理智的过程并导致初步成功、更强烈的归属感,并且学生可以比自己预想的学得更多。这种伴随着相应支持的干预,可以从根本上改变学生的学业轨道。

耶格尔和沃尔顿并不是假设这些干预可以随便形成规模。这种干预需要教育者的理论方面的专业知识(theoretical expertise)(了解心理学的实践经验),以及背景方面的专业知识(contextual expertise)(了解本地学生的背景与经验情况)。换句话说,"简约派"式的改革要求非常精细复杂的设计以及优秀的老师才能得以实现(详见第五章)。

在这一章节的开始,我曾提到提高安大略省 900 所学校的高中毕业率比预想的要简单得多。本·莱文(Ben Levin)当时是教育部的副部长,他从内部引领了这场改革。基于很多的研究,他写了一

---

[1] Ibid., 284.

本书叫《更多的高中毕业生》(*More High School Graduates*)。① 在这我不会给你一个更好的答案,但是这场改革本质上就是了解每个学生的位置、以非批判的方式干预、提供更好的项目融合、提升教学并将学校与所在社区紧密相连。

然而,小变化往往孕育着大变革。我们创造了一个新职能——学生成功专职老师(Student Success Teachers)(每个学区和每个学校各一名——全省总共大概 1000 名)。这些老师与当地学校的师生和管理者共同工作,并实现与学生的个性化联系。大部分工作与耶格尔和沃尔顿的社会心理干预相类似,专注于学生的主观体验。莱文把我们在本章一直讨论的这些研究成果称之为:

"有时候这就像一种机缘,一个想法从不同地方同时来到我们眼前,看起来就像它命中注定要受到我们的关注一样。在过去的几个月中,我曾收到三个内容类似的不同提醒,那就是教师对学生的未来至关重要,尤其在高中,经常仅需要很少的时间与精力投资。在大多数情况下,20 到 30 分钟的教师关注就可以让一个学生从错误的轨迹回归正常。"②

---

① Ben Levin, *More High School Graduates* (Thousand Oaks, CA: Corwin Press, 2012).
② Ibid., 154.

第三章 教育学和变革：本质上并不难

莱文第一次与这个观念相遇是在与一名高中教师阿曼达·库伯（Amanda Cooper）的谈话中，她现在是安大略教育研究院（Ontario Institute for Studies in Education，缩写为 OISE）的一名研究生。她曾和许多同事谈起一些学习有困难的学生。在谈话中她问小组，大家需要多少时间才能改变一个学生的学校轨迹，使其从消极走向积极。那个小组得出的结论是，20 分钟的集中时间就足以对一个学生的态度、表现和行为产生巨大的影响。

后来在美国教育研究协会（American Educational Research Association）的年会上，莱文又恰好听到了他的一位朋友也是华盛顿大学（University of Washington）的教授苏珊·诺兰（Susan Nolen）的演讲。她邀请老师和她一起每天在课堂外花 30 分钟（例如午餐时间）去熟悉一名他们不太了解的学生。她说那些老师都谈到这简单的一步不仅让他们有机会对这名学生有了更深入更积极的看法，并且极大地提高了学生在课堂的投入度。一旦学生们发觉老师对他们感兴趣，他们会更愿意积极主动地投入到课堂与学习中。

据莱文所说，第三个机会是在 2008 年 9 月的《教育领导》（Educational Leadership）期刊上。一篇探讨优秀学生的文章引用了雷·沃德科夫斯基（Ray Wlodkowski）的研究，他称之为"2 乘 10"（Two by Ten）策略。这种方式就是，让一名老师连续十天每天花费两分钟与一名学习困难的学生进行私人谈话，谈一些这位学生感

极度空间

兴趣的话题。作者发现这种简单的策略对学生在态度与行为上的转变有极为重要的改善作用。

总的来说，我们看到了这些例子的一致性，那就是要求我们转变策略，去关注学生的主观体验，去帮助他们以一种有意义且振奋人心的方式投入到学习中。一旦我们学会改变我们的立场与方式，那么改革仅需要细微的干预就能开辟出新的学习轨迹。换句话说，改革与学习会变得更加高效、简单且成本相对更低。

不过要注意，我们在这部分还没开始引入科技的协助。想象一下，如果应用到多种多样的关于学习的隐秘介入中，科技能够做什么？如果我们找到了正确的教育模式并融入相应的科技，学习会变得更加简单、深入并吸引人。学生和老师也会愿意投入更多的时间，并且不再把它当成繁琐无谓的工作或任务。我们在这里看到的只是人类如何学习中有关学生的这一小部分。也就是说，我们也必须要同时证明成人学习"本质上并不难"的道理。诚然，对教师的和对学生的解决方案一定要配套实施。

变革与成年人

在《进步原则》(The Progress Principles)一书中,特蕾莎·阿莫来(Teresa Amabile)和斯蒂文·卡拉美(Steven Kramer)写到:"利用小成就来点燃工作中的乐趣、投入与创造力。"①这正和我们刚刚谈到学生时的观念相同。他们的研究表明,好变革的秘密就是:"为内在生命创造条件——这种条件促进积极的情绪、强烈的内在驱动力以及对工作与同事的良性认知。"②通过研究不同的小组,阿莫来与卡拉美发现,即使是很小的变化都可激发大反应。即使在有意义的工作中实现了很小的进步,也是为后来做得更多的最强有力的兴奋剂。

阿莫来和卡拉美搜集到一些例子,一些员工似乎可以被平常工作口中很小的事件触动,他们的情绪、想法与动力可能变得高昂或沮丧。研究发现,当人们宣告自己有进步的时候,他们会因工作中的乐趣与挑战而产生内在驱动力;当人们遇到挫折的时候,他们不仅难以产生内在积极性,而且也因难以被赏识而不能产生外在动

---

① Teresa Amabile and Steven Kramer, *The Progress Principle: Using Small Wins to Ignite Joy, Engagement and Creativity at Work* (Boston: Harvard Business Review Press, 2011).

② Ibid., 1.

力。挫折使人们对工作更为冷漠。

研究者们也创造了量表来测量一天的整体情绪。当他们将进步与挫折与这个量表关联分析的时候，发现76%的情绪最好的日子与进步有关，67%的情绪最坏的日子与挫折相关。我们要注意，影响人们一天心情的事件都很小——如受到他人的恩惠，解决一个琐碎的小问题，或者看到某个东西第一次正常工作。最重要的其实并不是外在奖励、赏识或积极评价，而是工作中的进步，或者管理者创造了一些条件让进步更具可能性。

再一次回到"简约派"：最重要的是工作中的进步，并且要关注每一天的小成就与小挫折——这就是变革管理的精髓与本质。如果人们参与到有意义的工作中去，并感到力所能及，且得到帮助去实现很小的进步，那么他们就会更有积极性并为接下来的挑战准备着。高效率的组织知道如何培养条件让这种正螺旋效应"积极发展圈"（positive progress loops）普遍存在。

当然，组织效率不仅仅是这些小诱惑这么简单。阿莫来和卡拉美认定了几个催化因素（例如时间、资源、自主权与协助）和滋养因素（尊重、归属与情感支持），然而这并不是我们所关心的。最重要的是那些人（例如学生和老师）需要感受到并经历一些日常的进步。正如该书的作者们说的那样，任何视频游戏设计者都知道，一步一步的进程对于吸引玩家至关重要。

显而易见，管理者们认为这些小进步理所应当，因为他们往往关注着一些大事情，比如整体规划、目标清晰、数据、资源分配、周期性赏识与奖励等等。阿莫来和卡拉美在一个调查中验证了这一假设，他们采访了669位管理者让他们举出5个影响动力的因素。其中一项是"在工作中支持进步"，但这一项排在最后，前四位分别是：赏识，激励，人际支持和目标清晰。① 同样地，在一个全是大公司管埋层的年会上，阿莫来和卡拉美问到那些管理者，他们怎样激励员工。他们得到了类似的清单，却无人提及在工作中支持日常的进步。当进一步询问时，这些管理者说日常进步当然可以调动员工积极性，但是显然他们认为没有必要每天施以关注。

我们将在后文谈到，新教育学与科技的结合会充分地挖掘、激发、甚至创造学生学习的目标与激情。阿莫来和卡拉美认为成年人（在这本书里尤指教师们）必须拥有同样的积极性体验。"极度空间"的魔力正是使教师和学生能够同时被激发并投入深度学习中，而且被他们的激情与目标所点燃。教师和学生们的开关都将被打开。

新教育学

学生们怎样更好地学习已经变得愈发明朗了。这要求我们必须充分挖掘并提升他们的主观体验。建构主义（constructivisim）已

---

① Ibid.,89.

经诞生了很长时间，但是它基本上仍处在理论层面并且小规模地发展。直到最近我们对它的认识才更加具体化，虽然它仍处在一个小范围里。一些新例子十分符合我们的标准：令人投入并便于使用。说到便于使用，我的意思并不是指简单，而是使用起来相对简单，因为它令人投入并可与他人协作（正如当你从事你喜欢的事情时你如何看你的工作）。让我们来仔细看看。

托尼·瓦格纳（Tony Wagner）的书《制造创新者》（*Creating Innovators*）是一个新教育学的绝佳案列。他发现创新领导者展现出求知欲、合作意识和试验的强烈愿望并从这些经验中学习。从我们"便于使用"的角度来看，他也引用了特蕾莎·阿莫来的研究，这一内容在本章之前的部分有介绍。他改编了她基于三部分的创造模式：专长（知识）、创造性思维（问题解决）与动机（内在驱动力）。瓦格纳认为动机是所有良性学习的源头。他将动机分解并总结出内在动机是由进入角色（尝试）、目标（试图创造不同）和激情（将自己完全投入到自认为有意义的事情中）推动的。

瓦格纳的书充满了各种署名的例子，包括一些学生和他们导师的学习生活印证了我们刚刚谈到的品质。以科克·菲尔普斯（Kirk Phelps）为例，他曾是高中和大学的辍学生。菲尔普斯反思自己的学习旅程时谈道："你所学的东西并不那么重要，知道如何找到那些你感兴趣的东西才更为重要。"①这一路上他发现他喜欢和其他人一起制造有形的东西。他的一位导师也曾谈到一个新教育学的例子:"赋予学习的权力就是让学生走出课堂,去把他们所学到的东西应用到一些闻所未闻的问题上,并运用一些他们从未用到的东西。"②

瓦格纳也提供了一些其他领域的案例,包括理科(在美国统称为 STEM,即指科学 Science,科技 Technology,工程 Engineering,数学 Mathematics)及文科的创新领域。他引用了劳拉·怀特(Laura White)在新奥尔良的杜兰大学(Tulane University)的发展例子。杜兰大学在校长斯考特·科文(Scott Cowen)的带领下,发展了由飓风卡特里娜(Katrina)灾难催生的社会创新主题。整个主题被称为"卡特里娜授权"(Katrina Empowers),并包括七个部分:通识教育、社区健康、新一代公民与领袖、灾难应变与复原、城市与文化艺术的振兴、教学的中心与社会创新。比如在其中一个项目中,怀特是公民圈的一部分,人们聚在一起讨论社会问题并分享他们在参与改变的过程中学到了什么。③

所有的这些体验都和当今学校里的基本原则形成了鲜明的对比。正如瓦格纳所言,现在的学校鼓励个人竞争,以学科为基础

---

① Tony Wagner, *Creating Innovators: The Making of Young People Who Will Change the World* (New York: Simon and Schuster, 2012), 32.
② Ibid., 50.
③ Ibid., 107.

（相对于以问题为基础而言），并依赖于外在动力（例如学习成绩）。这与所有那些成功例子不同。在解决问题中的学生谈论的是做一些对这个世界有意义的事，关注于能解决一个问题的项目，投入到团队合作，并期待在鼓励冒险的环境下工作。新教育学需要帮助学生寻找意义、激情，并在能够激发他们学习热情和长期学习的领域里不断尝试。

瓦格纳认为："在二十一世纪里，你知道什么，相比于你能利用你知道的做什么，已经变得越来越不重要。创造新知识或解决新问题的兴趣与能力，才是当今所有学生需要掌握的唯一一项重要技能。所有成功的创新者都能独自在'特定时刻'掌握一项技能，然后以一种新方式应用那些知识。"[1]瓦格纳所记录的新教育学并不包括一个长清单：它的重点是关注真实的问题、智力冒险、试错法问题解决、合作学习和内在动力。

这其实跟肯·罗宾森爵士（Sir Ken Robinson）在过去这十几年里或更长时间里论述的是相同的主题。不论他说得多么清楚，人们还是把他当成艺术领域的发言人。他确实喜爱艺术，但是本质上他是在倡导每一个孩子的创造力，不论是在戏剧、科学、数学还是历史科目上。对罗宾森爵士而言，这个要素（element）由在"态度与机遇"的情境下活跃起来的"天资与热情"构成。他鼓励那些不擅长

---

[1] Ibid., 142.

也不喜欢传统学校的孩子,当这些孩子自己或在别人帮助下发现了自己的热情和目标之后,他们的创造力能量得以发挥——正如瓦格纳所言的"创新合作者"。罗宾森认为,在自己感兴趣的领域充满创造力适用于每一个人。尽管他并未深入阐述,但他表明了一个观点:"当今数码科技在世界各地成千上万的人手中,这是前所未有的可以在声音、设计、科学和艺术等方面施展创造力的工具。"①据罗宾森所言,每一个人都有创造的潜力,我们都可以变得更有创造性,并且"创造力热衷于合作,在多元化中萌生"——另一个证明学校新教育学的论述。此外,学习永远不会太晚。有些人可能属于大器晚成者,或者从未有机会在年轻时发掘自己的兴趣。罗宾森并不打算在课程中为艺术腾出一块领域,而是要为学生们开拓一片天空。

我们需要教师,但他是一种新的角色,是作为变革中介的教师。罗宾森称他们为导师,他们扮演着四种角色:重新组织者,鼓励者,促进者和拓展者。当今的学校教育并不考量这些可能性。但是那些不同寻常的学生(misfits,指在传统学校中表现不佳的人)的比例伴随着科技的支持性角色(比学校更加有趣)正在逐步加大。如今大多数学生,不论传统与否,都不觉得学校的学习生活令人投入,我敢说他们的老师们也这么认为。这也就是为什么我们需要一些不同

---

① Ken Robinson, *Out of Our Minds: Learning to Be Creative* (Westford, MA: Courier Westford, 2011), 205. See also Ken Robinson, *The Element: How Finding Your Passion Changes Everything* (New York: Viking, 2009).

以往的新想法。虽然变革可能显得激进，但是如果我们能够组织好科技、新教育学与变革知识来共同引领转型，那么它就不会像它看起来那样困难了。

马克·普雷斯基（Marc Prensky）也深入研究了这条途径。他认为当今的改革者们正忙于建立一个更优于二十世纪所需要的教育范式的版本，而不是创造和实施一个更好的，也更具未来导向的面对所有孩子的教育。他呼吁一种解决方案，它既能够兼容瓦格纳的理论，也兼容我们的科技、教育学与变革知识的策略性融合理论。普雷斯基认为答案就是将新教育建立在一个已被明确证明的教育学基础之上，他称之为"与我们的学生成为合伙人"：

> 合伙（partnering）是一个包罗万象的词，包括了很多不同的手段，例如问题解决式学习、案例学习、探究学习、学生中心式的学习等等，这些方式的共同点在于，它们都是围绕着一个核心教育理念的变式……这是"传授式"教学的终结，是一种教师与学生角色的重新调整。①

如瓦格纳一般，普雷斯基还发现，合作学习或同伴学习（由担任变革中介者的教师来设计）是一个巨大的"免费资源"，且由科技大量协助。当他提到学习中的伙伴时，普雷斯基指的是双方而不是单

---

① Marc Prensky, "The Reformers Are Leaving Our Schools in the 20th Century," in *Digital Natives to Digital Wisdom: Hopeful Essays for 21st Century Learning* (Thousand Oaks, CA: Corwin, 2012), 20. [italics in original].

方。我们需要激发学生还有老师,解放他们的创造性能量对任何长久且深入的改革方案来说都是至关重要的。

对于这种学习和生活的新方向,我们也从约拿·雷纳(Jonah Lehrer)的书《想象:创造力如何工作》(*Imagine: How Creativity Works*)中得到了佐证。雷纳将创造力定义为"一种想象从未存在过事物的能力"。[①] 他提出了两个具有批判性的见解:一个是说认知和想象紧密相连,但并不是以一种按部就班的模式。他认为人们在解决问题时先理性地提出新想法,接着感到挫败,在离开问题休息片刻时却往往会得到新的解决方案——这就是众所周知的"我在洗澡时发现了最棒的灵感"现象。第二个见解从本质上与极度空间如出一辙,那就是每一个人都可以在适当的学习情境中变得富有创造力。

第一个想法——灵感发生在当我们处于直接投入任务和与任务分离不关心的平衡状态——这在一项有关大脑活动中心的新研究中被证实。正如雷纳所描述的那样,大脑左半球试图在显而易见的地方寻找答案(可参见第一章麦吉柯蒂斯的理论),但是迟早会因困难的问题而感到疲惫。当一个人逃离开直接解决问题的状态时,大脑右半球仍然会以无意识的方式研究那个问题。在某些时候,或者以一种不易被察觉的方式研究,那个"答案"就会突然出现,而且是以

[①] Jonah Lehrer, *Imagine: How Creativity Works* (New York: Houghton Mifflin Harcourt, 2012).

一种令人惊奇的完整形式。

采用磁共振大脑扫描的先进技术，雷纳谈到科学家已经发现灵感的突然涌现可由几乎同时出现的大脑突发活动所预示："在答案进入意识前的30毫秒，存在一股伽马脉冲律动，这是大脑能够产生的最高级的电波频率。"[1]

换句话说，长久地耗在一个问题上可能不是最好的问题解决方式。如果想要完成一个突破，那么逃离左半球的紧密束缚是十分必要的。这种借鉴赋予"创造性思考"（thinking outside the box）一种全新的含义。最好的思维是脱离框架，但是仍然在这个人的大脑里，只不过换了个地方而已。

雷纳在他书中的前一半描述了许多独立工作者的新见解。学习法则就是：直接着眼于一个问题，但是要设定好离开的时间以便用于反思或者沉浸于其他事情。正如雷纳所言："你被一个看似不可能的挑战困住了么？不如在阳光充足的窗子旁边找个沙发躺一会。"[2]雷纳的例子表明，"最根本的因素其实是右半球产生的一系列稳定的 ∂ 波"，这与你短暂逃离问题后的休闲活动息息相关。[3] 这股脉冲会在我们的大脑休息时出现，因为"我们很可能将内在的注意力聚光

---

[1] Ibid., 17.
[2] Ibid., 29 - 30.
[3] Ibid., 30.

灯导向由右半球产生的遥远联想"。① 当注意力被转向外部的问题的细节(或者被外在超刺激的事物转移了注意力)时,我们也就错过了引向灵感的通道。

这个方法可能听起来像巫术式学习,且让我们考虑另外一些相关的实践应用。首先,我们的建议是当我们被问题困住时,我们需要远离手中的复杂问题——去冥想,做些别的事情,或者休息一会。这个建议非常实用因为这本身并不难以遵循,并且经常可能带来令人惊喜的结果。另一方面,我们即刻可以看到过度的外部吸引力会让我们走上错误的道路,因此,我们需要短暂的停工休整期。

正如独处的时间对于学习至关重要,雷纳也向我们展示了小组学习对解决复杂问题的重要性。小组学习其实也十分复杂,因为它在团队关系中的极端情况出现时并不适用。团队成员间太多相同或太多不同这两种极端情况都同样会带来问题。只能与观点相似的人互动或者与太多陌生人实现超链接都是一种功能障碍。创造性合作团队的最佳状态是稳定的团队关系和新成员加入的恰当结合。

雷纳还引用了布赖恩·伍兹(Brian Uzzi)的研究(主要研究了从1877年到1990年百老汇歌剧的成功)。伍兹衡量了一个他标记为Q的理念,即创造作品的团队的社会亲密程度。当Q的分值低的时候(仅有有限的群体亲密性)或者分值高的时候(仅仅与朋友合

---

① Ibid., 31 (italics in original).

47

作），音乐剧的商业性成功和评论的肯定度都十分低。 那些表现出"中等程度社会亲密"的百老汇歌剧创作团队比其他团队成为获胜者的可能性多2.5倍。① 因此，朋友与新成员的混合将带来一定程度上的舒适感，并更可能接触到新想法。

  雷纳同时还进一步阐述了为什么头脑风暴（brainstorming）会失败。 头脑风暴是十分低效的，因为从定义上讲（头脑风暴采用非评判的准则），没有任何批判性反馈。 头脑风暴小组往往比单独个人工作然后汇集思想的模式得出的成果更少，尤其是当那种思想汇集能够鼓励对每个人想法进行建设性批判的时候。 我们将在第四章谈到，在学生学习时给予反馈可能是我们可以使用的最有力的教学策略，从错误中学习是关键。

  雷纳所做的创造力研究的应用恰恰将我们带回到了瓦格纳、罗宾森和普雷斯基所提倡的观念。 让我们看看雷纳引用的一个调查：当老师们被问及他们是否在自己的课堂里想要创造性的学生时，每一个老师都说当然。 但是当老师们被要求评选出自己最喜欢的学生时，他们的答案却给出了另一个故事："评价出的最喜欢的学生与创造力往往负相关；但是评价出的最不喜欢的学生却与创造力正相关。"②

  富有创造力的学生通常很难教（对当今的教学情境而言）。 对

---

① Ibid.，143.
② Ibid.，231.

大多数学生而言，他们缺失的是新教育学应该给他们的权力，去寻找自己的热情、目标和玩（如瓦格纳提出的那样）；还有在团队中学习，理解并帮助解决现实生活中的问题，并从坚忍不拔的过程和建设性反馈意见中培养自己的才能。

最重要的是，雷纳还强调了一个论点，那就是创造力可以在每一位学生身上施以规划和培养——不仅仅为了培养更多自我实现的个体，也是因为同时开发个体天赋和集体能力对全球生存至关重要。这种不同以往的学习方式可能显著提升创新、创业、问题解决、同情心、团队合作及可持续化发展这些方面的水平。这就是未来。

丹尼尔·戈尔曼（Daniel Goleman）和同事写的一本新书提供了更多的想法和事例，让我们对刚刚讨论的趋势充满希望。不过请注意，这些新方向必须被整合进一个完整全面的方案，而不是被当作附加部分。先来说一个好消息，《生态教育：教育者们如何培养情感、社会与生态智慧》（*Ecoliterate: How Educators Are Cultivating Emotional, Social, and Ecological Intelligence*）这本书记录了很多学校和社区里的实践案例。这些案例恰恰体现了令人振奋的新学习方式，其中教师和学生正在追求着目标并煽动着热情和生态可持续性的火苗。①

前书的作者们主要集中研究一些有关煤炭、石油、水和食物等生态改善的项目案例。他们主要建立了五项基石：（1）发展面向所有生命的同情心；（2）采纳可持续性的社区实践；（3）让看不见的被看见；（4）预计非预期的的后果；（5）了解自然如何维持生命。

他们所创造的代表了一项优质的课程，但是我们必须明白它是怎样与新教育学相搭配的。自然与人类的可持续发展应该没有边界。大脑右半球将告诉我们自然问题与人类生活密不可分。更进一步而言，如果自然进程只是被视为课程的附加物，那么我们将无法达成任何目标。因为我们最优化学习的标准中包括了"深入到现实生活中的问题解决"这一项（详见第四章），整个课程都需要重新被定义：学校教育的真谛即它是一个完整的拓展体，以一种充满激情并目标明确的方式"学习如何生活并为了生活而学习"。我们正在讨论一个整体化的改造，而科技、新教育学与变革知识的整合使之变得切实可行。

新教育学这一主题会在整本书中贯穿始终，但是这一章是关于"本质上并不难"的讨论。那么建立这个新体系为什么会如此简单呢？其实，首先，相对于维持现在这个机能失衡的系统

---

① Daniel Goleman, Lisa Bennett, and Zenobia Barlow, *Ecoliterate: How Educators Are Cultivating Emotional, Social, and Ecological Intelligence* (San Francisco: Jossey-Bass, 2012).

而言，建立新体系肯定是更加简单的。走向新体系并不会十分简单，但是也不会像它看起来那般让人望而却步。在被认识到的困难这一面，我们可以找到所有克莱顿·克里斯汀森（Clayton Christensen）与迈克尔·雷诺（Michael Raynor）所称的"颠覆性创新"①的特质。克里斯汀森和雷诺认为现行的实践之所以继续存在是因为旧体系会不断试图改善既存的产品（他们称这种现象为"维持性创新"）。颠覆性的科技开始时一定逊色于现行的实践。说它们更逊色是因为它们还没有时间得到发展，而且它们需要大量的用户从而可以继续在应用中开发这些产品。正因为这个原因，颠覆性的创新难以受到欢迎。然而，这个短暂的时期之后就是新的改良周期的加速发展。极度空间告诉我们，我们现在正处在快速改良学习周期的初始阶段。

---

① Clayton Christensen and Michael Raynor, *The Innovator's Solution: Creating and Sustaining Successful Growth* (Boston: Harvard Business School Press, 2003).

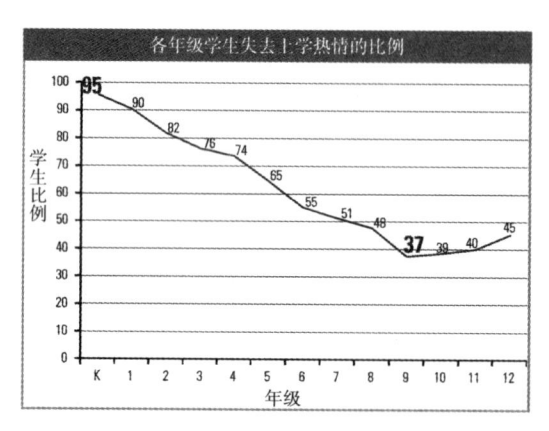

图3-1　各年级学生失去上学热情的比例

那么现在的学校教育到底有多糟糕呢？我不想在此罗列有关这个话题的大量例证，但是李·詹金斯（Lee Jenkins）发给我的一个令人印象深刻的图表可以立刻说明问题。詹金斯询问了2000多名教师，关于他们教哪个年级以及他们的学生中多大比例喜欢学校。我们能够预测这个结果，但是看到这个图表还是极为震惊（请参见图3-1：各年级学生失去上学热情的比例）。95%的学生在幼儿园喜欢学校，但是到了九年级有这种感觉的学生比例持续下滑到37%；在高中的后几年出现了轻微的上升（仅包括还继续高中学习的这部分学生）。这个基于教师们估计的图表揭示了学校有大量学习不投入学生的绝境。如果你直接问学生，你可能会发现同样的现象或者甚至更糟。奎利亚学院（Quaglia Institute）在报告《我的声音》（*My*

Voice)中发现当学生从小学进入初中乃至高中后,师生关系开始被削弱。① 对于那些喜欢创新的学生来说,例如我们前面提到的瓦格纳、普雷斯基等所描述的,他们对日常课堂感到极为厌倦。 即使对于那些好老师来说,普雷斯基认为,孩子们"仍然一致觉得50%到70%的时间感到无聊"。② 但悲哀的是,大多数学生无从知道学校究竟缺少了什么。

更重要而且绝非偶然的是,大部分老师的感觉不比学生更好。从2011年的《美国教师大都会人寿调查》(*MetLife Survey of the American Teacher*)中可以看出,教师的满意度和投入度都有大幅度下滑。 在短暂的时间里——仅仅两年——教师满意度下降了15个百分点(从59%降到了44%)。 相比于两年前的数据(17%),到2011年几乎三分之一的老师(29%)认为他们将在不远的未来离开教师岗位。③ 光看这些数据就已经足够糟糕了,但当你考虑到未来的趋势,那么前景就变得相当惊人了。

---

① Quaglia Institute, *My Voice* National Student Report (Grades 6 - 12) 2011 (Portland, OR: Quaglia Institute, 2012).

② Marc Prensky, *From Digital Natives to Digital Wisdom* (Thousand Oaks, CA: Corwin, 2012), 60.

③ MetLife, *The MetLife Survey of the American Teacher: Teachers, Parents, and the Economy* (New York: MetLife, 2012). www.metlife.com/assets/cao/contributions/foundation/american-teacher/MetLife-Teacher-Survey-2011.pdf.

通过创造条件使学生和教师深度投入教与学,极度空间里的方案将解决这些惨淡的现实。 在某些方面,教师可能比学生更为重要,因为每位教师每天大概影响着 25 到 150 名学生。 如果教师中每两位就有一位感到沮丧,每三位就有一位宁愿离开教职,那么学生在学校里恐怕也不会有好日子过。

结论

基于我刚刚描述的大多数学生和老师如此严重地疏远与厌倦教学,我们是否还有可能保持乐观呢? 我相信还是可以的。 不管现阶段我们正经历多么难以忍受或每况愈下的紧张感,在极度空间中我指出的各种力量可以构建一个实践基础并创造更好的未来。 这些力量是如此强大并互相关联,以至于我们可以断定在不远的未来能够看到创造性的突破。

未来的现实可能不得不被各种力量互相纠缠,但就像创新性的方案会在我们穷途末路时突然出现那样,这个未来也会以一种相同的方式到来。 令人鼓舞的消息是,克里斯汀森和雷诺式的"颠覆性创新"及其相应的改良周期已经在慢慢发展了(这些发展是我们第四章将要讨论的话题)。

我对此保持乐观并且认为这四个原因合在一起就是改革本质上并不难的案例:

1.陈旧的教学法(包括传授、测试、体验和唤醒)解决不了问题,并且越来越多的人清醒地意识到这可能永远都不会起作用了。

2.新科技与学生合伙的现象正飞速发展。这些现象会在质量和可用性上逐步提高,因为科技是最好的加速器。确实,这也是极度空间现象所预期的。

3.对新学习方式的渴望将会出现。热情、目标和新教育学是必然成功的,因为它们深层地激发了何为人的意义——做一些发自内心的感到对自己、对他人或者对世界有意义有价值的事情。你再也找不到其他更能接近灵魂的方式了。

4.由于人们做自己喜欢的事并且很多人来帮忙,一切会比我们想象的更简单。三个臭皮匠顶一个诸葛亮嘛。

在这一章前半段我们已经发现建立一丁点心灵关联就能起很大作用的事实。 当普雷斯基谈到简单易行有重大影响的方法时,他也采用了同样的主题。 就像他说的,"明天,如果美国的每一位教师花费 20 分钟的课堂时间询问每一名学生他或她的热情是什么,然后用这些信息来更深入地了解每一名学生,进而相应地因材施教,教育将会一夜之间迈出重大的一步。"[①]普雷斯基提出了 10 种方式,以此

---

① Prensky, "The Reformers Are Leaving", 30.

教师们可以采用少量的努力就能够在孩子的教育上实现极大的潜在积极影响：

1. 少一些"说教"，允许学生自己研究问题找到答案。

2. 永远记得将所教授的知识与实际社会中的实践相联系。

3. 帮助学生区分教育中永无变化的"动词"（技能）与飞速变化的"名词"（工具）。

4. 将学生视为学习的伙伴。

5. 运用学生自己手里的工具（尤其是视频或者手机）去学习。

6. 多采用学生间的同伴教学（peer-to-peer teaching）。

7. 给学生提供更多的选择，而不是要求他们必须读什么或者做什么。

8. 允许学生成为教室里各种科技设备的主要使用者（以及维护者）。

9. 通过视频网站（例如 YouTube 或 TeacherTube）上的短视频来分享成功。

10. 通过免费安全的工具（如 Skype 和 ePals）让学生与这

第三章 教育学和变革：本质上并不难

个世界常保持联系。[1]

总的来说，我们正处在强有力的"颠覆性创新"的起始阶段，这种创新将不断突飞猛进。我们必须拥有独特的智慧去利用这个千载难逢的大好机会。我们也必须将反复实验并不断改进创新模式以进入到下一个阶段。这个新的旅程将充满挫折，但比我们正在经历的要容易。而且随着之后科技的飞速发展，这个旅程会变得相对更容易。

我们清晰地认识到瓦格纳、罗宾森、雷纳等人所倡导的教育改革是建立一种让每名学生都能找到自我特定目标与热情的体系——如罗宾森所说的"要素"（element）。我们从来都知道热情与目标是那些明星企业家与运动员的核心要素。极度空间的不同之处就在于它让每一名学生都能找到她或者他自己的那个"要素"。

科技，特别是从它的发展势头看，将成为意义深远的人类学习的重要合伙人。与此同时，我们也需要新教育学成为充满活力的合伙人。我们需要学习者积极掌控他们自己"学习如何去学习"的过程。对于新教育学，我们需要教师们和其他导师们设计并监督学习的过程。接下来的几章就会讨论这些问题。在这个过程中科技将会变得越来越重要。如果我们是正确的，最终我们需要的教育和科技需要的教育将是同一件事情。

---

[1] Ibid., 16.

第四章　数字化的失落和梦想

> 我们需要创建一个巨大规模的新数字化学习的现实——为了所有学生与教师。我相信这种扩张——或者更准确地说是多层次并行发展的合并整合——将在未来的几年内快速发生。教育学正变得更清晰，更具渗透性，而技术也正变得更容易使用和更具整合性。

为了使学习效果最大化,科技与教育学的融合必须满足四个准则(如表 4-1 所示)。这要求具有心无旁骛的投入度,事半功倍的效率(有挑战性但简便易行),无处不在的科技力量以及深入到现实生活的问题解决能力。

表 4-1　科技与教育学的融合准则

	科技与教育学的融合准则
1	心无旁骛的投入度
2	事半功倍的效率
3	无处不在的科技力量
4	深入到现实生活的问题解决能力

具有心无旁骛的投入度意味着全神贯注,或者说是处于一种心往神驰的状态,时间仿佛失去了意义。我们认为极度空间的创新必须具备这个属性。其次,新产品必须易于上手,既容易引人注目且平易近人。这个任务很具有挑战性,但是好在我们全神投入,因而它就不那么令人生畏了。至关重要的一点是,这些创新举措并不会使得学生和老师们的学习生活变得复杂,反而会变得更加轻松与有趣。我们极少会从一开始就能体会到创新带来的益处。

再者,前两条准则能够实现的前提是拥有可以随时随地被支配的科技。最后,这些经验必须能够深入解决现实生活的问题——这样的学习可以在全球范围内为个人及团体创造成功的条件。需要特别指出的一点是，当问题解决项目融入到课程中的时候，我们会培养一种"创业精神"。创新性的分析与灵感，无论应用于科学、技术、工程以及数学领域还是社会创新领域，都能培养创业者的习惯，这也是二十一世纪另一个关键的学习目标。

虽然这些准则令人兴奋，但它们尚未被应用。当前，世界上暂时没有程序或者系统能够满足这些准则。因此，我认为目前的进展状况可以用标题"数字化的失落"与"数字化的梦想"来概括。

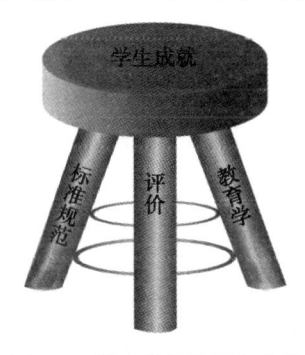

图 4-1　学生成就的三大支柱

举一个例子，当前美国针对学生教育进行改革的三大支柱为：标准规范、评价以及指导或教育学（如图 4-1 所示）。目前美国教育改革的侧重点主要在规范以及评价上，而《极度空间》提出的解决方案必须由教育学来驱动。本书中所描述的重大突破都是由深层次学习的概念来驱动的。幸运的是，只要我们正确掌握因果关系，科技的创新就能极大地促进深层次学习：从教育学到科技，然后从科技回到教育学，由此反复。如果预测谁将站在顶峰，那么一定是使用

极度空间

工具的人类。可以肯定的是，当你在使用一个运转很快的机器时，尽管它有时候可能控制你，但最终机器是为你而服务的——用于做那些你没有它做不了的事情。

数字化的失落

严格来说，我并不打算仅仅讲述数字化的失落。正如我们将看到的，数字化的失落是同时由糟糕的概念化和科技带来的问题。但是，它们最终都将演变成数字化的失败，因为进步需要好主意与科技的结合。离开了科技的力量，就没有其他途径来实践好的想法。

造成目前这个状况的最大元凶是二十一世纪技能，而我们似乎从1990年起就知道这些技能要求了。让我先开门见山陈述一下结论：这些技能的表述太过晦涩以至于毫无作用，并且几乎总是遗漏了教学方法（达成目标技能的学习经验）。其中一个典型代表就是博尼·斯瑞林（Bernie Trilling）和查尔斯·法德勒（Charles Fadel）的《二十一世纪技能：为我们所生存的时代而学习》(*21st Century Skills: Learning for Life in Our Times*)。[①] 他们认为二十一世纪的知识和技能分为三个层次，同时这三个层次又包含许多子集。这三个层次分别为：学习与创新技能；信息、媒体以及科技技能；生活

---

① Bernie Trilling and Charles Fadel, *21st Century Skills: Learning for Life in Our Times* (San Francisco: Jossey-Bass, 2009).

第四章 数字化的失落和梦想

与职场技能。这些子集包括批判性思维、沟通能力、创造力（对应学习与创新技能）；信息、媒体、信息科学与技术（对应科技技能）；灵活、主动、友善与跨文化的交流，高效多产与有担当、有领导力和责任心（对应生活与职场技能）。所有的这些子集又有许多细分的技能。

斯瑞林和法德勒提供了一种支持性的基础体系，包括规范、评价、课程与指导、职业规划以及学习环境。从这个程度上讲，这是些非常好的理念，但是将这些理念实施起来可能会让人大失所望。奇怪的是，这个解决方案并没有太多把科技作为实践基础，只有极个别的学校在实施中使用了科技（比如荷兰的一些小学生团队为他们学校的前面进行景观设计）。这样做是有些作用的，但不能解决全部问题。

无数的学校地区、省份、州以及国家都非常拥护培养二十一世纪技能的教育理念。加拿大阿尔伯塔省的"启迪教育行动"（Inspiring Action on Education）就是一个例子。[1] 阿尔伯塔省政府对于二十一世纪学习技能的设想包括七个方面：批判性思维与解决问题的能力；创造力与革新力；社会责任感与全球意识；沟通与交流；数字信息素养；终身学习、自我引导与个人管理；合作精神与领导力。结果证明，政府的鼓舞并不能成为行动的基础。在改革的工

---

[1] Government of Alberta, *Inspiring Action on Education* (Edmonton: Alberta Education, 2010).

63

作中，我们发现深思熟虑的行动使得人心鼓舞，而不是鼓舞人心导致了行动。阿尔伯塔省的教育就是个明证。到目前为止，该省在"阿尔伯塔省学校改革方案"上取得的成果要优于其强调二十一世纪学习技能的效果，而该"方案"播种的恰是来自于学区的创新理念。

南希·沃特森（Nancy Watson）和我曾受加利福尼亚州的斯图奇基金会（Stupski Foundation）委托，对二十一世纪学习技能的进展进行评价。[①] 其中，评价的对象是思科－因特尔－微软（Cisco-Intel-Microsoft）这些著名企业多年的国际项目以及二十一世纪技能评价与教育工作（Assessment & Teaching of 21st Century Skills，简称ATC21S）。该评价项目考量如下三类众所周知的能力：思考方式（创造力、批判性思维、解决问题的能力和决策能力）；工作方式（沟通与合作）；工作中使用的工具（信息素养、信息交流与科技）。同时，也包含了社会生存的能力（公民意识、生活与职业技能以及个人与社会责任感）。[②]

我们还对其他五个案例进行了简要的调查：美国下一代合作伙伴式学习（Partnership for Next Generation Learning in the United

---

[①] Michael Fullan and Nancy Watson, *The Slow Road to Higher Order Skills* (San Francisco: Report to the Stupski Foundation, 2010).

[②] Cisco-Intel-Microsoft, *Assessment and Teaching of 21st Century Skills* (Melbourne, AU: ATC21S, 2010).

States)、亚利桑那州图森市的沃特斯基金会（Waters Foundation）对系统思考的研究工作，以及世界范围内教育上表现最佳的三个地区（安大略省、芬兰和新加坡）。最后，我们给斯图奇基金会（Stupski Foudation）的报告取名为"通往高阶技能的慢车道"（The Slow Road to Higher Order Skills），且我们并没有对此吹毛求疵。

无论你怎么去看，必须得承认我们在二十一世纪技能这个议程上并没有取得进步。总体上来说，这个议程的外表虽然光鲜，但目标太过模糊。当我们走上具体的实施道路的时候，注意力却都放在了规范与评价上面（当然它们确实有利于澄清问题）。但是，最关键的第三个支柱——教育学，或者说是对实际学习能力的培养往往被忽略。当前，人们大肆鼓吹科技在教育中起到了极大的作用，实际上除了在评价方案上的促进作用之外，它在促进学习方面起到的作用微乎其微。

当我们考虑学校教育与技术的融合时，我们会看到更多的数字化失落。尽管科技具有惊人、丰富的创造力且普遍存在，但是它却很少在学校教育中出现。内尔·梅教育基金会（Nellie Mae Education Foundation）委托撰写了一篇名为《整合科技与学生为中心的学习方法》（*Integrating Technology with Student-Centered Learning*）的报告。[①] 该报告指出：

[①] Babette Moeller and Tim Reitzes, *Integrating Technology with Student-Centered Learning* (Quincy, MA: Nellie Mae Education Foundation, 2011).

- 仅有8%的教师完全将科技带进课堂；
- 约43%的学生对于将科技应用于他们的高等教育或者工作生活尚未做好准备（我大胆揣测大多数准备好的学生是从校外的数字化学习中获得的）；
- 仅有23%的教师觉得有能力将科技带进课堂；
- 对在学校内使用科技的组织支持发展极为不充分（如数字媒体的可利用率，共同的价值观，校园文化，技术支持，学校、学区和州政府的领导与推行力度以及评价体系等）。

需要进一步担心的是，当科技成为关注的焦点时，好的教育方法会不会迷失？加拿大的媒体安全意识网络（Media Awareness Network in Canada）追踪了青少年使用互联网的进展过程。其中一项研究选取了10位老师（在北部、西部、安大略、魁北克和大西洋五个地区各自选取一名小学老师和高中教师）作为样本，这些老师都非常擅长为学生创造优异的学习环境。换句话说，这个样本的选取是为了在最先进的学习环境中获得数据。接受采访的老师均表示他们的学生"喜欢将各种智能手机、iPod、iPad、电脑和各种网络设备用于学习和玩"。当研究者们进一步询问学生的网络使用状况时，教师们总结道："学生'并不是那么精明的网络浏览者'（not so savvy surfers），尽管许多年轻人都有一个可浏览网络的电子设备，但是他们缺乏使用这些工具进行有效学习的技能……而且学生倾向于把网络上找到的东西当作确定的。"①

也就是说，让教师和学生有数字化设备可用并且帮助他们会使用是一件简单的事情，但是教学方法并不是这样的。一篇报告《网络世界的加拿大年轻人》(*Young Canadians in a Wired World*)总结到：当需要弄清楚怎样利用科技来提高学习效果时，教师们大多都需要依靠自己。这比想象中的情况更加令人困扰，因为看起来好像取得了进步，实际上却没有。2000年，一项网络调查中44%的学生表示因特网是他们首选的信息来源。到2005年，这个数字超过了80%，而到现在这个数字一定超过了90%。科技的可及性以及普及面已经不再是重点了。一个称为"媒体安全意识网络"的组织找到了科技手段在教学中有效使用的教学案例，而案例中的教师"恰恰因为关注教育方法，不再需要成为教室里的科技专家，拥有高效的课堂管理技能，并把网络陷阱看成教学时机"。②

就算国际学生评价项目（Programme for International Student Assessment，简称PISA）中的佼佼者，比如芬兰，在科技应用于教学方面也表现不佳。来自于韦斯屈莱大学(University of Jyväskylä)的一个研究团队正在对芬兰学校在"二十一世纪技能评价与教育项目（ATC21S）"中二十一世纪技能教育实施情况开展调查。到目前

---

① Valerie Steeves, *Young Canadians in a Wired World—Phase III: Teachers' Perspectives* (Ottawa: Media Awareness Network, 2012), 1.

② Ibid., 16.

为止，他们发现：虽然二十一世纪技能包含在国家核心课程中，"但是它们不经常出现在课堂中"，并且"虽然科技随处可用，但信息交流与科技（ICT）的创新教学及有效运用仍然难以体现"。[1] 也就是说，即使国家确立了它们在教育中的领导地位，能够实施本书中讨论的新方案的也只是零星的。

  我们能够继续增加投入，但发现还是有很长一段路要走。例如，即使像可汗学院（Khan Academy）一样伟大的学校，仍然需要优秀的教师。当萨尔曼·可汗（Sal Khan）开始在纽约的家中通过视频教授他在新奥尔良的表弟基础数学概念时，他那时还是一位对冲基金的经理。紧接着，他变得如此的成功以至于开始使用 YouTube 建立了可汗学院，并上传了大概 3000 段教学视频。这些课程的观看量超过 1.3 亿，并且这个数字还在快速增长。学习过这些视频的人们认为它们是清晰化的教学模型，其效果令人难以置信。从极度空间的角度来看，可汗是一位极其出色的二十世纪型教员，但使用着二十一世纪的科技（并不是最先进的）。正如马克·普雷斯基（Marc Prensky，详见第三章）所说，所有的学生都应该有一位了不起的讲解者，这样学生能够一遍一遍地观看讲解直至彻底弄懂为止。可汗的那些教学视频正是普雷斯基所强调的恰到好处的注解

---

[1] Juho Matti Norrena, Marja Kankaanranta, and Arto Kalevi Ahonen, "Innovative Teaching in Finland" (Paper presented at the Annual Meeting of the American Educational Research Association, Vancouver, BC, April 2012), 11.

(explanations)(高度清晰且易懂易用)。可汗并没有创造一种新式教导数学的方法,而是改善了旧式方法的传递系统。①

回顾一下我们关于"颠覆性创新"(disruptive innovation)的讨论(详见第三章)。早期的教学案例是初级的,却是一个新的改良循环开始。普雷斯基指出:"对于那些教育失败或者辍学的孩子,事实上存在更好的教育方式让这些孩子们学习。不仅只是通过聆听解释或者研究案例,而且还需要在背景环境中做一些工作,让整体学习环境变得更有趣——即新教学法。"②在旧教育系统中考试成绩虽然提高了,但是应用知识的能力没有长进。

根据迈克尔·杨(Michael Young)和他的同事的研究"教育中严肃的游戏"(serious gaming for education),③我们进一步得到科技力量对学生成绩的有限影响的证据。这项研究发现了视频游戏对语言学习、历史和体育学习产生的一些积极效果(因为游戏可以模拟这些学科学习的有利条件);但同时也发现,视频游戏对科学和数学学习几乎没有任何积极影响。

杨及其同事认为:最大的问题是"教育视频游戏一直被高频率

---

① Marc Prensky,"Khan Academy,"*Educational Technology*(July – August 2011):3.

② Ibid.,3.

③ Michael F. Young et al.,"Our Princess Is in Another Castle:A Review of Trends in Serious Games for Education,"*Review of Education Research* 82,no. 1(2012):61 – 89.

地研究，被当做是玩家的主要学习手段，然而教师的地位被彻底移除，仅仅让学习者孤立完成自己的学习。"①换句话说，这些革新（至少在这项研究中）忽略了教师的作用。这就好像在说，教学方法与学习是毫不相关的。一个很明显的结论是：他们认为视频游戏可以"与好的教学相呼应"而实施。实际上，视频游戏教学需要可靠的指导性设计、有技巧的教学方法以及高品质的实施。更重要的是，学生与教师之间（或者学生与教师各自团体当中）的学习伙伴关系是必不可少的。

最近琼·甘茨·库尼中心（Joan Ganz Cooney Center）的一项调查发现：50%的教师在课堂中一周至少使用两次数字化游戏教学。②当然，他们还没有运用有品质的实施方法，更没有让数字化与教学方法有机结合；但是这也表明在教学过程中，极度空间中所强调的"本质上并不难"方案是一个非常有吸引力的提议，也越来越被人们意识到，且引起了人们的兴趣。

我们可以将极度空间的方案与日益增长的网上学习相结合，而到目前为止，网上学习基本上只是关注可及性。长青教育集团（Evergreen Education Group）在其年度回顾报告中密切关注了它们

---

① Ibid., 61.
② Jessica Millstone, *Teacher Attitudes about Digital Games in the Classroom* (New York: Joan Ganz Cooney Center at Sesame Workshop, 2012).

的发展。[1] 最后，他们统计了各州和各学区提供在线学习的百分数，发现这个数字正以25%的年增长率上升。佛罗里达虚拟学校（Florida Virtual School）在佛罗里达州就有近26万门的课程可供注册。既然网络课程可及性不再是问题，就必须考虑对教学方法和教学计划进行改变以获得高品质教学。

简而言之，总体上我们发现科技对于学习的影响缺少证据（至少这是目前为止我的观点）。在某种意义上，这些发现是显而易见的。我们曾经称呼这个现象"称赞无为的危险"（on the risk of appraising non-events）。如果革新尚未付诸实施，那么它当然产生不了影响。因此，我们需要正确地看待这个发现，虽然我们在普雷斯基和瓦格纳（详见第三章）的书籍中的最后一章中看到些新教育学的端倪，但是现实中实施的案例还毕竟是极其少见的。

与此同时，约翰·海蒂（John Hattie）对世界范围内超过800项研究进行了大规模的元分析，其分析的内容为教学实践对学生学习的影响。[2] 海蒂认为效应量临界值为0.4，大于0.4为有效的。最大的赢家是交互式学习，其效应量为0.74（这种方式下的老师与学生

---

[1] John Watson, et al., *Keeping Pace with K-12 Online Learning: An Annual Review of Policy and Practice* (Durango, CO: Evergreen Education Group, 2011). www.evergreengroup.com.

[2] John Hattie, *Visible Learning: A Synthesis of over 800 Meta-analyses Relating to Achievement* (London: Routledge, 2009), 243.

互动使得学生的思考与关于学习的问题更加明确);反馈,其效应量为 0.73;教导学生自我内言,其效应量为 0.64;元认知策略,其效应量为 0.69。 低于临界值的有模拟与游戏,其效应量为 0.33;基于网络的学习,其效应量为 0.18。 导致这一结果的原因当然不是科技不够高效,而是科技远远没有被充分地利用以促进教学。

类似的,布鲁斯·迪克森(Bruce Dixon)和苏珊·埃因霍恩(Susan Einhorn)说全世界范围内学生的学习权利在一定程度上被拒绝了,因为他们不能充分地获得学习经验和使用不再昂贵的科技手段。 她们所讨论的"难以捉摸的二十一世纪技能的自我主导和合作性",就是新教育学的一部分。[①] 但她们并没有讨论怎样去达到这些技能。 后者恰恰是《极度空间》这本书的目的。

总之,科技与学校教育互为目的地发展,并且这样的状态已经存在了一段时间。 只要人们的数字化沉浸与学校功能互相分离,并且不深入到解决现实生活的问题层面,我们就看不到任何进步。 复杂的目标需要先进精致的技术。 幸运的是,这个梦想正变得愈发鲜活。

[①] Bruce Dixon and Susan Einhorn, *The Right to Learn: Identifying Precedents for Sustainable Change* (Anytime Anywhere Learning Foundation, IdeasLAB, and Maine International Center for Digital Learning, 2011), 13.

第四章　数字化的失落和梦想

数字化的梦想

  安大略省省长多尔顿·麦克基尔希（Dalton McGuinty，我所供职的对象）在 2010 年 9 月曾建议手机与平板电脑可以被用于教育。他的这番言论却遭到媒体的猛烈抨击。 而事实证明，他的思想超前于他的时代。 在 2012 年 10 月发行的《多伦多生活》(*Toronto Life*) 杂志中，就有一篇文章叫作《小型电子设备进入学校》(Gadget Goes to School)。[①]

  如何使用小型电子设备生存和学习在当前仍然是难题。 这是一个新循环得到突飞猛进发展的早期阶段。 拥护使用科技手段进行课堂教学的新一代教师应运而生，他们的出现正是移动设备不断普及的时候（你对移动设备关上门——它们会从窗子进入教室）。 2011 年 5 月，规模庞大的拥有超过 500 所学校的多伦多教育局（Toronto District School Board，简称 TDSB）投票解除了 2007 年颁布的手机禁令。 教育局负责新政策实施的主管皮特·常（Peter Chang）正在逐步推进他的工作。 他说："每一个教师都可以决定怎样做才对自己的课堂教学最好。"《小型电子设备进入学校》这篇文章指出：那些已经尝试对"使用你自己的设备"（Bring Your Own Device，简称

---

  ① Jesse Brown，"Gadget Goes to School，" *Toronto Life*，(January 2012) 35，37.

极度空间

BYOD）方案进行实验的教师们欣喜地分享着学生们的反应——他们对于学习非常有激情且非常投入。①

我早期曾说过，科技在教育中的问题是双重的：学生们的数字世界基本上是在学校外边，而这个数字世界并不受监管——各种各样的数字活动都是这样的。这篇文章还详细地记录了多伦多教育局的一位高中教师凯特·卡特尔（Cate Cuttle）在允许学生们使用智能手机后，发现其效果惊人，学生们彼此成为朋友来一起做研究。卡特尔说到："我深刻地感受到一种培养学生在现实生活中使用科技的责任。"对于智能手机使用的不公平性（仅有 3/4 的学生拥有智能手机），这个问题必须解决；好在随着移动设备变得越来越便宜，也越来越容易获得，在未来五年内这个问题很有可能被解决。不过目前为止，更重要的问题还是移动设备不能被充分使用。

在邻近的大概拥有 200 所学校的约克郡教育局（York Region District School Board，简称 YRDSB），我们有另一个科技在教育中应用的试验基地。正如文章中报道的一样，罗杨·李（Royan Lee）老师告诉他的学生们可以携带自己拥有的任何手持电子设备。如果有学生没有这种设备，李就会从学校拥有的设备中拿一个给学生。李说随着这个项目的进行，他可以逐步了解使用手持移动设备的利弊。

---

① Ibid., 35.

第四章　数字化的失落和梦想

我的观点是科技教育的闸门正在打开。现在的问题是弄清楚怎样有效组织那些早已被广泛使用并领跑于教学法的科技。正如罗杨·李的例子一样，一定数量的发展性实验在早期阶段是必不可少的。《极度空间》这本书正在加快这个探索的过程。

任何的抵抗都将是一场徒劳。2011年12月10日《经济学人》（*The Economist*）的这期杂志中包含了一个关于视频游戏的10页专题报告。[①] 该报告是普华永道（PwC）的一个研究报告，研究表明2010年视频游戏的市值高达560亿美元。其市值是音乐产业的两倍，是包含DVD和电影产业总和的五分之三。普华永道还预测视频游戏将是保持最快增长速率的媒体形式，并且到2015年，其市值将至少到820亿美元。我想传递的信息是：教师们要快速进入这个领域（目前大部分的游戏是用在商业、军事及卫生部分，而不是用于教育）。我的预言是：教育首先将会被动地被影响——正如现在这般——紧接着教育将对数字化学习兼容并包，本质上的易用性会导致其盛行，颠覆性创新最终将占据上风。

正如《经济学人》所观察的那样，最大的改变是移动手机及平板电脑现在逐步盛行为游戏设备。2011年，全球范围内有超过50亿移动电话用户。最好的游戏对于教育有着巨大的潜力，因为这些游戏正好集成了新教育学实践仿真所需要的设计因素。通过将学习转

---

① "All the World's a Game," Special Report: Video Games, *The Economist* (December 10, 2011): 3 - 12.

变为一个游戏，我们用移动设备创造了一个直观的界面（精巧设计以及简单易用）；我们可以创造一种设计者们称为"多汁"（大量的反馈）的效果。

《经济学人》称那些开发游戏的人(Gamefiers)设法让玩家想要执行更困难的任务，并让玩家为得到特权而付费。他们"通过提供一种快速连续的反馈使得玩家投身其中，让玩家觉得有明显的进步和目标。这种目标有足够挑战性，让玩家觉得十分有意思，同时又不会难到将玩家拒之门外"。[①] 随着万物的发展，数字化创新"正与现代技术力量紧密结合以满足人类永远无法满足的玩的需要"。正如所有优秀的幼儿园教师都明白，学习可能随着游戏而来。为什么学校不能成为一个有趣的地方，且其中充满着学习的机遇？我们尚未到达那个地步（记住我们现在还处于做梦的阶段），但是我们正非常接近去品尝它。我们塑造工具，工具又反过来改变我们；但是反过来，我们还会重新塑造它们，就这样周而复始不断发展。

如今，已经出现了一些有希望的征兆。我们在评价高阶技能（High-Order Skills，HOS）方面不断进步。我们希望思科－因特尔－微软(Cisco-Intel-Microsoft)能够在分类和评价高阶技能上有一些具体的结果（可叹的是教育学部分仍将处于落后的状态）。在2011年，我和南希·沃特森对休利特基金会（Hewlett Foundation）

---

① Ibid., 12.

的深层次学习目标完成了一个评估。[①] 他们认为高阶技能包含三类才能：学科知识（掌握核心的学术内容，获取、应用和扩展知识）；认知策略（批判性思维、问题解决和有效交流）；学习行为（协同工作、学习如何去学习）。

美国教育现在的关注点都集中在"共同核心州立标准"（Common Core State Standard，简称 CCSS）上。46 个州已经签署文件将工作集中在共同核心标准和相关的数学及英语语言文学（English Language Arts，简称 ELA）的评价上，这些标准以及评价包括高阶技能。大部分来自于联邦政府及著名的基金会的资助基金都直接投入到"共同核心州立标准"的发展上。休利特基金会已经将自己的工作定位在了深度学习目标的评估上，该评估是作为一种政策和实践版块存在的。有 30 名该基金的获得者正试图寻找特定才能评估的"证据点"。当这些研究结果联系到教育学，其结果有助于具有深度学习能力意义的评估得到实施。

与其相似的是比尔及梅琳达·盖茨基金会（Bill & Melinda Gates Foundation），它除了在评价教师效率方面有令人瞩目的工作，也正在投资用于支持新形式的学生学习的数字化创新。其报告的题目为《支持学生：在创新与品质上投资》（*Supporting Students: Investing in Innovation and Quality*），该报告概括了基

[①] Michael Fullan and Nancy Watson, *Deeper Learning: A Right/Wrong Drivers Perspective* (San Francisco: Report to the Hewlett Foundation, 2011).

金会怎样投资非传统的项目，例如基于游戏的应用与评价。[①] 在另一些案例中，它也支持"更好地理解高等教育入学以及学生毅力问题"的研究。 该基金会也是我们研究方案的第一个投资者。 那个研究是《行动的领导力/冒险》（Motion Leadership/Madcap，简称MLM）。

  比尔及梅琳达·盖茨基金会正追求使用科技及创新来指导实践，这样学生可以在传统教室之外进行学习。 该基金会还对某些问题进行了调查，例如"学生们怎样投身于解决与他们生活息息相关的复杂问题中，教室设计如何能够引导学生深入持久地掌握他们的学习工作以及技能，怎样利用数字化技能来激励学生们的自信心、求知欲、毅力以及对知识的渴望"。 许多基金获得者正致力于研究数字化工具的创新，让这些工具更具参与性、投入性、共同创造性以及合作性。 盖茨将他的投资组织分为四类：基于熟练程度的通道、基于游戏的评价、数字化课程的发展及大学相关的知识和学术韧性。 当然我们期待这项工作会产生一些有价值的具体成果，但是这项研究将是小规模的并且可能不会完全发展成为我们所需要的教学实践部分。

  有这样一个研究项目将教学实践与高阶技能联系起来，这就是

[①] Bill & Melinda Gates Foundation, *Supporting Students: Investing in Innovation and Quality* (Redmond, WA: Bill & Melinda Gates Foundation, 2011).

"创新性教学与学习"（Innovative Teaching and Learning，简称ITL），是由微软的全球伙伴学习计划（Partner in Learning，简称PIL）所发起的。① 我参与了该项目研究成果的解读工作。 使用了一个非常简单但是综合而全面的理论框架，ITL 项目检验了四个主要变量：教育系统变化（政策内容）、学校领导力及文化、创新性教学实践以及学生技能对现在生活和工作的影响。 研究者们在七个国家的参与 PIL 项目的学校中进行了抽样调查，这七个国家包括澳大利亚、英国、芬兰、印度尼西亚、墨西哥、俄罗斯以及塞内加尔。在这里我仅仅讨论一些重要发现。 下面就是这些发现的概述。

1.创新性教学实践包含三个因素：学生为中心的教学方法（包括知识构建、自我调整管理与评价、合作以及技巧性沟通）；课堂外的扩展学习（包括问题的解决和现实世界的创新）；信息交流与科技（ICT）的使用（为特定和具体的学习目标服务）。

2.创新性教学实践更有可能在学校实现。在学校,老师们以一种集中的方式合作将二十一世纪学习技能与特殊的指导实践确切地联系在一起。

3.当教师们更积极地投入到需要教师直接投入的专业发

---

① Microsoft Partners in Learning，*Innovative Teaching and Learning Research*（Redmond，WA：Bill & Melinda Gates Foundation，2011）.

展活动中时,创新性教学会涌现得更为频繁。例如,教师进行研究或者直接实践一些新方法。

4.学校领导的观点以及对 ITL 发展的支持是其实施的关键条件。将创新教学纳入教师评估中也是一个积极因素。

5.系统支持与聚焦(生态系统模型中最关键的因素)不仅在现行系统中缺失,而且现行的政策的目标是与其大相径庭的,因为狭隘的考试制度与更为广泛的二十一世纪技能要求产生冲突。

6.除了以上第五条因素之外,所有因素都与特定的学习成果相关:知识的建立、信息交流与科技(ICT)的使用、问题解决与创新及技巧性交流(另外合作可能可以被当作一个成果,但是还没有足够的证据来评价它)。关键在于当学生们体验到创新性教学实践时,他们更有可能发展并展现生活和工作所需要的这些技能。[1]

在某种意义上,这些都是非常有价值的发现,因为它们都来自于不同的地区,包括几个贫穷的不发达国家。在科技发挥很大作用的情形下,这是我们首次看到特定教学实践与高阶技能之间呈现出明确的因果关系。可能更显著的地方在于这些结果是在没有精心设

---

[1] Ibid., 33.

计的系统帮助下完成的。 请注意下面这个问题:"当我们在所访问的课堂中看到创新教学实践的案例时,我们同时发现在大部分学校及我们的样本学校系统中,用于支撑创新性教学实施的成体系的完整的条件都是缺乏的。"①虽然该研究专门寻找创新学校和教师的样本,但是研究发现仅仅只有少量的创新教师参与了有效的实践。 换句话说,我们有一些特别的创新性教师,但是我们没有许多创新性学校以及创新性系统。

在ITL项目的研究中,我们看到个别或少数教师可以改善教学实践,反过来影响高阶学习的成果,而且这个结果是在明确使用数字化科技的帮助下达成的。 当然,ITL研究项目还有许多工作要做从而使得新教育学更加具体化。 有了这个强有力的开头,ITL项目的未来将会值得关注:这个计划的目的是提供一个框架以及相关的工具来发展创新性教学能力,并且将这些教学实践与学生的学习活动联系起来,提高学生的学习水平以及解决现实生活问题的能力,促进学生高阶思维与生活技能的发展。

ITL项目仅仅只是迈出了婴儿般的一小步,但是却开始走上了正确的道路。 极度空间的主要论点正是:当我们在大范围内整合科技、教育学以及变革知识时,想象一下我们可以实现什么。

我曾提到过安大略省在提高读写能力、计算能力以及高中教育

---

① Ibid., 12.

极度空间

方面取得了很大的成功。虽然一些高阶技能得到了提高,但同时金字塔顶端的那些技能——由教育质量与问责办公室(EQAO)所评价的第 4 水平的技能——在那个阶段一直挣扎在 13% 左右。在 2010 年,我们决定实施一个创新性的计划来解决这个问题,那就是"学生学习研究教师"(Student Work Study Teachers,简称 SWST)。

SWST 计划是读写与数学能力秘书处(Literacy and Numeracy Secretariat)的一个研究项目,它主要由一些有经验的教师担任临时的研究者。一名 SWS 教师、还有一位担任课堂授课的教师共同完成合作研究。在 2009—2010 学年,遍及全省 19 个地区学校教育局的 50 位 SWS 教师几乎走访了 250 间教室,年级范围从幼儿园到小学六年级。在 2010—2011 学年,这个项目扩充到了 75 名 SWS 教师,来自全省的 54 个学区。他们走访了从幼儿园到小学六年级的 765 间教室。

学生学习研究项目的关注焦点是学生在课堂中的学习和活动,这与关注教师的教学活动正好相反。该研究中所有的谈话和行为都是基于学生正在进行的活动。学生学习研究教师计划的目的在于获得更多以下的发现:

• 学生学习从技能水平 2 升至水平 3、4 的特征;

• 促成学生学习作品质量提升与学习投入度提高的各种反馈;

• 支持学生学习的各种教室条件。

SWS 教师与学生一起工作,明显地涉及教育学相互关联的四大方面：丰富且相关的任务，学生谈话，责任的逐级释放以及形成性评价。

课堂授课教师与 SWS 教师之间的关系对项目的成功开展起到了至关重要的作用。虽然课堂教学教师与 SWS 教师之间的关系因参与者而异，但是有证据表明这些关系演变成了合作式的学习关系。在他们的关系中愈发重要的部分包括信息共享、授课教师与 SWS 教师共同积极学习、讨论发现的心得、共同制订计划、共同分析证据和观察结果以及在课堂外的非正式会面。

所有 SWS 教师表示学生偶尔参加这个项目就可以获益，然而 88％的 SWS 教师表示学生只有参加许多次才可获益。相似的是，82％SWS 的教师表示，作为一个参与研究的实践者，这个项目很大程度上影响了他们的教育教学工作，而另外 18％的教师表示只是在一定程度上受到影响。所有 SWS 教师表示这个项目对于授课教师来说是一段有效的学习经历，而 40％的 SWS 教师认为这个项目对其他在参与学校的教师来说也是一段有效的学习经历。

SWS 教师开始做一些基于学生独立思考的基础性工作，因此它也体现了新教育学的特点。新教育学强调的是提高学生的投入度，且将教师的角色改变成学习的协调者。2011 年的研究报告表明 SWST 项目的立场将会对教师怎样看待自己的工作产生影响：理解学生的视角以及爱好（更多的个性化），将学生的学习强度和需要与策略相匹配（相关的教师专业学习）。参与项目的教师们总结到，他们需要改变他们的教学以便学生们能够更积极地投入到学习中并向其他同学学习。SWST 项目也对学区怎样安排时间和资源来支持探究性专业学习产生影响。再者,教育质量与问责办公室(EQAO)的评定结果显示,那些实施了该项目的学校的成绩提升明显要高于未实施项目的学校。

  从本书的观点看,SWST 项目只是关注了一个方面,而另一个方面似乎是被绑在了背后,因为科技在其中并没有起到什么作用。整合科技将使这项工作变得更简单、更便宜以及对高阶技能学习的影响更加有效率。

  所有的发展都指向更深入走进学生、大规模的推行、让学习变得更有趣并令人投入、让整个产业在人均价格上实现难以置信的物美价廉。斯坦福大学最近将三门电脑科学课程放到了网络上,这些课程带有大量的短视频,视频中有概念的解释和自动评分的练习,并可在网络上直接使用。在第一个月中,30 万学生注册了该课程,并有成百万的点击量以及成千上万的作业得以提交。[1] 这个课程在高等教育方面正走上渡渡鸟的道路,使得大学的效率大大提升并大幅地减少正在上升的成本(以便花更少的钱,并将省下的钱放到更需要的地方去)。在基础教育中(从幼儿园到高中 12 年级),教师的讲话数量会直线下降,这对于教师来说应该也是一个好事,因为,当几乎没有人听的时候,很少人会喜欢讲话。在这个发展过程中,老师与学生的角色正发生着转换。

---

  [1] Daphne Koller, "Death Knell for the Lecture: Technology as a Passport to Personalized Learning," *New York Times*, December 5, 2011, D8.

教师与学生角色转换

菲尔·斯凯奇（Phil Schlechty）认为我们应该围绕学生成为工作者来组织学校。学生应该对自己和相互之间的学习负责和管理，教师应成为促进变革的中间人。这样，教师就可以全天 24 小时直接影响学生，而不像在小学中教师只是在每天的几小时中影响学生，也不像在高中阶段教师只在某节课上影响学生。通过有目的设计的游戏和视频，学生们接受着激励式教育，同样也在教室里或者与教师和同学的远程交流过程中接受这样的学习。

更多的渡渡鸟。斯凯奇认为在线学习以及围绕在线学习的媒介意味着教师作为指导者的角色已经过时了。[1] 新学习模式下学生的参与是关键。我们需要设计满足我在本章开始部分所设置的四条准则——具有心无旁骛的投入度，事半功倍的效率与投入，无处不在的科技力量以及深入到现实生活的问题解决。追随着这些数字化梦想，我们在本章中已经看到一些具体的产品，这些产品开始将四个准则变为可能。释放所浪费的教学时间的方法是更加充分地利用时间，不是创造新的时间，对时间的充分利用来源于延长学习时间至 24 小时或者成群结队的同龄人参与社会合作学习。小部分教师变成

---

[1] Phillip Schlechty, *Engaging Students: The Next Level of Working on the Work* (San Francisco: Jossey-Bass, 2011), 10.

领导者、设计者以及积极指引学习的领路人。校长变成了领导的领导（不是教学领导者）。州府及一些学区的基础设施需要重新设计，以便推进和负责各种创新教学与学习。我们在"创新性教学与学习"（ITL）研究中已经看到过这种新的教学和学习（但是实际上这种情况未成气候，这就是为什么研究者们没有大范围地找到证据）。

约翰·海蒂（John Hattie）和他的元研究团队的成果也支持我们的观点。他也看到了教师作为促进变革者的效果是非常显著的。他比较各种教学实践的效应量，包括教学实践：教师作为催化者（提供反馈给学生，帮助学生获得独立思考以及提供有挑战性的目标）；教师作为推动者（基于问题来学习，激励和游戏，个性化的指导）。结果表明教师作为催化者时的平均效应量值（0.17～0.60）远远高于教师作为推动者。教师作为推动者，即使加上数字化资源的帮助，其结果也是不够理想的。学习必须让学生容易沉浸其中且富有成效；而教师作为促进变革的人，有责任帮助设计这种可能性的实现。海蒂发现了专家教师与普通教师之间的五个重要不同点：第一，专家教师有高水平的知识以及所教学科的理解力；第二，专家教师能够指导学习获得表层及深层的结果；第三，专家教师能够成功地监督学习并提供反馈以助学生取得进步；第四，专家教师更注意学习的态度属性（例如自我效能以及掌控动机）；第五，专家教师能够提供他们的教学为什么能积极影响学生学习的有力证据。①

海蒂强烈地认为教师一定要变得擅长了解他们能够对每一个学生所产生的影响。海蒂的实证性分析显示，所有高效益教学实践都有赖于学生之间的相互影响、反馈、明确的学习意图、成功的评价标准以及调整教学以同时获得浅层与深层学习。因此，无论网络多么精彩，其不受监管的可能性是不会让它充分发挥作用的。与有作为推动变革者的教师帮助的情况相比，学生自己无助的探索将不大可能有好处。教师作为推动变革者，可以帮助学生学习怎样去学习以及帮助学生怎样去监督自己的学习。

坦白地说，目前关于学生与教师角色转换的讨论是相当武断和草率的。我们不能在没有计划的前提下就着手进行并将事情颠倒过来。我们的计划需要清楚而且精确到位。我们需要彻底了解教育学与科技。海蒂的研究正如普雷斯基描述的学生与教师之间伙伴式合作学习一样能提供有力的论据，②下一步的目标是将更多案例变为现实，并从中学习。还有一些论据来自于另外一个领域，即软件开发中的精益创业。本书的第五章将对其进行具体叙述。在此，我仅将介绍一个类比。

---

① John Hattie, *Visible Learning for Teachers: Maximizing Impact on Learning* (London: Routledge, 2012), 24.

② Marc Prensky, *Teaching Digital Natives: Partners for Real Learning* (Thousand Oaks, CA: Corwin Press, 2010).

想象一下，教师是一个经理，而学生们是一个团队。先来谈谈一个由肯·施瓦布（Ken Schwaber）在《Scrum 法敏捷项目管理》一书中提出有关敏捷学习（agile learning）的概念"Scrum 法管理"。在这本书中，一位丰田的领导者在序言中提出了这样一个观点："管理者的作用是塑造一个组织，其方式是通过案例、指导以及理解与帮助其他人达成他们的目标，而不是通过强制使用命令与意愿。"[1]这恰恰是对新教育学中学生与教师关系很好的定义！

Scrum 这个词语来源于橄榄球运动，其原意为"并列争球"；而用在学习中，这个词语意思可解释为当前进的方向是复杂而不是径直的时候，帮助团队前进。再一次思考一下新教育学，在此，团队的类比是至关重要的。在教育学中，我们都是适应于个性化或者与每一个学习者相联系的。这种方式可以激发学习者的热情以及目的。当学生的数量为 25 个或超过 25 个时，从数学的角度上说，老师们是不可能有精力日复一日地做到这种点对点的学习的。但是，当将学生们看作一个团体后，教师们就能做到这一点。新教育学已经是基于学生彼此之间相互学习，更大程度管理自己的学习以及由作为导师的教师引导的。在这种"本质上并不难"的模式下，教师们需要以团队的概念来思考班级工作，并决定怎样使用和发展团队，而不是考虑如何针对每个学生的特点因材施教。

---

[1] Ken Schwaber, *Agile Project Management with Scrum* (Redmond, WA: Microsoft Press, 2004), xiii.

第四章 数字化的失落和梦想

雷利软件（Rally Software）创始人瑞安·马滕斯（Ryan Martens）在麻省理工大学的一次会议上的发言让我们又一次想到了与新教育学的类比。这次会议的主题是能力培养（capacity building）。马滕斯表示："业内人士已经认识到我们行业的特点就是快速的学习周期、快速反馈、不断反思、优质的训练以及为学习创造条件而不是强迫学习的管理者。"①谁能够为我们在本书中一直探索的新教育学想到更好的诠释呢？很可能不会。将教师类比成变革推动者和教练；将教师类比成个人与团体的发展者；将教师类比成不断自觉学习的人的催化剂——在学习型组织中的作为领导者的管理人和作为领导者的教师其实是同一件事情。这种关系就是海蒂和普雷斯基在新教育学实践中提供的具体案例中所获得的那种。它并不是模糊的转换，而是在工作中具有高度纪律性的学习。

瓦格纳在《制造创新者》一书中记录了八个创新者的成长过程。这些案例也让我们看到更多新学习的完整版本，并且学生与教师的角色在其中发生了转换。注意他的副标题是：塑造改变世界的年轻人。在每一个案例中，学生都被允许在父母或者偶遇的导师的引导下找到目标、激情和生活中的游戏，他们被赋予了自由与指导。在每个案例中，与最终所追求的创新性活动相比，学生在常规课堂中

---

① Ryan Martens, in Peter Senge et al., Developmental Stories (meeting on capacity building, Cambridge, MA, Massachusetts Institute of Technology, April 2012).

获得的更少。瓦格纳明确了这样一个观点：年轻人在大体上都想要产生影响，但是他们的潜力处于潜伏状态或者通常受制于传统教学。他想知道这意味着什么：

"我们是否真想要挖掘所有年轻人的创业精神与创新才能——去培养他们的积极性、求知欲、想象力、创造力、合作技能、分析能力以及相关的必备品质，比如意志力、同情心与强烈的道德基础？"[1]

在前面，我提到过柯克·弗莱普斯（Kirk Phleps）这个人，他是瓦格纳 STEM 研究中五位创新者之一。弗莱普斯的突破来源于他在斯坦福大学选修的艾德·卡里耶（Ed Carryer）的一门智能产品设计课程。卡里耶并不是一个终身教授，但却是一个什么都懂一点的讲师。他对怎样构建事物有兴趣，并成为了弗莱普斯这个年轻人的老师和导师。卡里耶谈到教育年轻人成为创新者的必备要素：其一，亲身实践项目的价值——培养学生解决实际问题以及精通此道的能力；其二，学习的重要性——利用多学科的学术内容解决问题；其三，学习团队合作。[2] 瓦格纳的研究展示了这样的学习和参与可以发生在任何一个学生身上，当他们能够像柯克·弗莱普斯一样投入到 STEM 类的产品设计中，或者像杜兰大学（Tulane University）

---

[1] Tony Wagner, *Creating Innovators: The Making of Young People Who Will Change the World* (New York: Simon and Schuster, 2012), 22 - 23.

[2] Ibid., 52.

第四章　数字化的失落和梦想

的劳拉·怀特（Laura White）投入到社会正义的创新项目中时。在所有的这些案例中，学生们都掌控他们自己的学习，但是老师引导学生发展内在动力、创造性思维以及学习技巧——这体现了在行动中的师生角色转换。这就好像罗宾森年代的导师们，他们认可、鼓励、促进以及拓展他们的得意门牛。

在微软的创新性学校项目及其延伸项目中，我们看到了全球范围内的许多类似的案例，是关于学生参与到学习应用性技能来解决实际生活中的问题的例子。解决森林流失的问题吸引了全世界范围内的年轻人，处理这个问题具备了新教育学的所有必备属性。在2010年3月，多伦多的迈克尔·弗迪克（Michael Furdyk）通过他的TakingITGlobal（TIG）网络帮助启动了DeforestACTION活动。该活动是在微软亚太地区的全球伙伴学习计划项目（PIL）下运作的，"其目标是授权学习者来管理他们将要继承的地球，而实质是发展二十一世纪最重要的学习技能"。[1] 来自60多个国家超过8万名学生通过这个项目发展成为全球公民。他们联合起来解决全球问题：从本地与全球的角度研究和评估森林流失的原因、影响和政策；通过使用协作科技进行分析、计划和组织；通过参与互动性活动来准备和实施行动计划；与同龄人和导师一起参加有价值的会谈。

再列举一个几年内即将完成的案例。这个案例来自于威利·斯

---

[1] Sean Tierney, ed. *Innovate! Collective Wisdom from Innovative Schools* (self-published, 2011).

米茨（Willie Smits），他是一个荷兰生物学家，现居住在婆罗洲，并成为了一个印度尼西亚的公民。斯米茨帮助当地的社区回收大量被破坏的土地，将它们在 5 年之内转变成一个充满活力的生态系统。这个生态系统简直就是无价之宝：耕地数量增多，当地就业率上升，可销售的产品增多，并且所有人都过得更好。在反应链的另一边：项目起初的时候该社区内由于滥砍滥伐而遭到破坏的土地毫无用途。在一年之内，森林的火灾导致森林流失，没有孩子体重增加，且他们智商值降低了 12——这仅仅是一年！[①]

这些案例令人兴奋，因为我们正在讨论规则之外的东西。在通往极端和可实现的新未来的道路上，他们是第一批颠覆性创新的案例。解决方案并不是那么令人难以捉摸。目前，我们也有许多特别的教学案例。在这些案例中，老师与学生亲身实践一起来解决现实生活中的问题，而科技在这个过程中扮演着主演角色。这些案例在发展二十一世纪学习技能及持续发展的进程中正变得越来越成功。

大家可以在像圣地亚哥的 High Tech High 这样的模范学校中看到数字化教学遍地开花，这确凿地证明了数字化教学是可以实现的。[②] 尽管 High Tech High 学校是一个令人兴奋且无可争议的成功案例，但是，它的问题在于其设置是非典型和独特的。正因为这个

[①] Willie Smits, "DeforestACTION," 2011, http://www.ted.com/speakers/willie_smits.html.

[②] High Tech High, www.hightechhigh.org/.

第四章 数字化的失落和梦想

问题和我所认为的易用性准则，我更愿意研究只有普通资源的普通学校如何转变自己，从而能够向其他学校展示这条路既可能又简单。并且我还想证明沿着这条路走下去是非常引人入胜的。基于这个原因，我将目光转向了安大略省的一所公立学校——梅纳庄园公立学校（Park Manor Public School）。

梅纳庄园公立学校是一所高年段的高级公立小学，坐落在多伦多西边的埃尔迈拉镇，[①]其六年级到八年级的学生共有300人。当你研究他们的工作重心——梅纳庄园加速学习框架（Park Manor's Accelerated Learning Framework）时，你一定会认为他们的工作是基于《极度空间》这本书的（事实上，他们没有。在我知道梅纳庄园这个学校之前，我已写完了这本书的初稿）。一切都在那里。他们的核心目标是发展"全球批判性思考者合作改变世界"。这个框架（图4-2所示）被"无边界的数字化学习任务"所环绕。它整合了科技工具、典范教学法、丰富的学习任务以及二十一世纪学习技能。

在梅纳庄园小学里，显而易见的是教育学，它是驱动力，学生学习处于中心，而科技则如同一级方程式大奖赛的赛车一样使得学生的学习越来越快。使用"加速学习框架"，每一个学生与教师清楚地表达自己的学习目标和成功准则，他们知道为什么使用和怎样使用特殊的科技工具，以及使用这些工具如何满足学生学习的需要。

[①] Park Manor Public School，http://pkm.wrdsb.on.ca. Thanks to Principal James Bond, teacher Liz Anderson, and the staff at Park Manor for their input.

丰富的数字化学习
科技工具
典范教学法
全球批判性思考者合作改变世界
二十一世纪学习技能
丰富的学习任务
无边界的

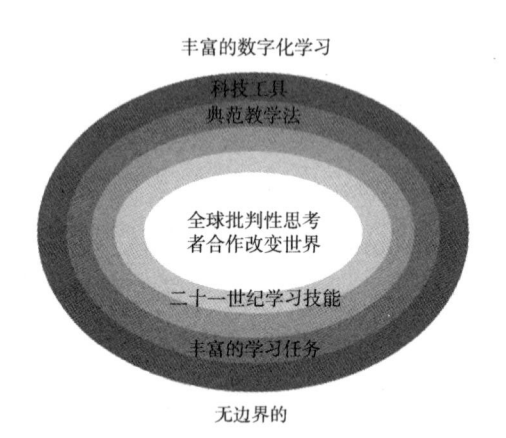

图 4-2　梅纳庄园小学的加速学习框架

不管学习目标是要创造一个 iMovie 来提高对全球问题的意识，还是要通过使用推论和图形组织工具来完成写作任务以清楚地表达思想，抑或是帮助刚来到加拿大的学生学习英语，"加速学习框架"对于这些问题的解决都是一样的。梅纳庄园使用的科技工具包括：游戏书、电脑、iPad 和实物投影仪——该框架适用于任何先进数字化装备。

学校使用成功标准和成功证据来确定框架的有效性，而有效性与学生的学习直接相关。成功标准详细地解释了学生和教师如何确定科技工具、程序、应用程序或网站给学生的学习赋予价值。这些标准包括：学生的参与，积极学习，更容易学习，为学习而评价（学生反馈），作为学习的评价（学生监管自己的学习），学习的评价（具体的证据），二十一世纪学习技能（创造力、合作、沟通、批判性思考和公民意识),支持高收益的指导策略(差异化的学习和逐步接受责任)以及简易指导(针对教师)。

这些成功的评价标准与"成就的证据"紧密相连(成功看起来或听起来是什么样子,学生正在做什么、说什么或产出什么)。 接下来,学校评价由于科技的作用加速学习带来多少效果。 根据以下三条措施来评估:(1)涉及的技术是否保证学生满足成功的评价标准;(2)是否帮助学生加快学习速度;(3)与不使用特定科技相比,是否帮助学生取得更高阶的学习成果。(回答这个问题,需要通过比较在有无技术两种条件下,个体学生如何应对一个活动,并指出如何增加投入度、学习速度、学习品质以及所获得的成绩。)与大多数情况不同,这三个问题直接集中回答了科技在学生成功中相对角色的大小。

梅纳庄园小学在安大略省的评估系统上发布了学生取得等级 3 和等级 4(反应高阶技能的高标准)百分比数值急剧增加的成果。 举例说明,从 2007 年到 2011 年,六年级学生在写作方面的成绩增长百分比从 44% 到 78%(对于男生,这个增长从 32% 到 72%)。 这个增长不能全归因于科技的使用,科技是从 2009 年正式开始使用的。 这可能是由于教师通过使用成功标准和典范教学法有目的性地集中精力提高学生的写作能力,而科技随后起了支撑的作用。 科技在为加快和加深学习而服务。

显而易见的是,梅纳庄园小学代表着"人类利用机器"而不是反过来。 作为两位"加速学习框架"的共同创造者,詹姆斯·邦德

（James Bond）校长和利兹·安德森（Liz Anderson）老师是这样解释它的：

自2009年9月以来，我们的教职员工就开始参与到进行教育改革的行动中。通过理论框架的合作开发、框架的投入使用以及现在的评价，我们从教室无科技转变到数字化丰富的学习环境。我们相信，如果我们投入资金、时间以及其他资源用来购置与整合技术，这将会给学生的学习带来更大的价值。另外，它需要引导二十一世纪技能和思考方式的发展，学生们需要成为全球公民从而将世界变得更美好。

在该区域附近的其他学校对梅纳庄园小学正在做的事情表现出越来越浓厚的兴趣。邦德和安德森报告称这些学校发现"加速学习框架"非常实际且容易实施。并且，他们说："'加速学习框架'很灵活，适用于任何学校——高中、小学以及特殊教育。"简而言之，我们正在讨论的创新之举符合了"具有心无旁骛的专注力"和"简便易行"的特性——这样就能产生非常强大的学习效果。

我选择梅纳庄园小学作为研究对象，因为它只是一所配备普通资源的普通学校——就像滑铁卢学区其他120所学校一样，它并没有特殊的地位或者权利。仅仅在两年半时间内，它已经从一个无科技的学校变成了充分集成科技和教育学的新学校。它的成功表明极度空间方案是切实可行并有非常吸引人的前景的。

而极度空间的最终愿景是该学区100%的学校都能参与进来，全省100%的学区都将教育学与科技整合起来，并能取得巨大的认同感与归属感。

无论我们是讨论诸如 DeforestACTION 一般令人投入的项目，还是某学校为促进全球公民意识发展的教育计划，我们都可以开始体会到新教育学的潜力。所有二十一世纪学习的技能和素质都可以立刻列举：热情、目标、问题解决、创造力、技巧性沟通、合作、高超的技术、公民意识、专业知识及可持续性。倘若学习者受益，则整个世界也跟着受益。极度空间就是这样一种协同性创新。

简而言之，我们需要创建一个巨大规模的新数字化学习的现实——为了所有学生与教师。我相信这种扩张——或者更准确地说是多层次并行发展的合并整合——将在未来的几年内快速发生。教育学正变得更清晰，更具渗透性，而技术也正变得更容易使用和更具整合性。

完成这个任务还需要更多的要素：日渐清晰的和强有力的设计与变革知识将是大范围改革的必备要素——整体系统改革。我们需要变革知识的原因是：我所发起的革命是在公立学校系统中。我并不是在呼吁最后的冲刺，而是改造我们现有的系统。可以确认的是，这个系统将变得不可辨认。它的边界将变得广阔无限。但是，无论如何变革，它终究还是我们这些人组成的——我们所有人。不过，无聊乏味将不复存在。

97

第五章　设计原则与变革知识

当今教育最大的需求是让它自身变得更加有吸引力,掌握深度学习或者高阶技能目标,提升标准,以及缩小某个社会中和整个世界上学生学习成就的差距。处理这个问题需要专注于真实生活中的变革问题,并解决它们。

史蒂夫·乔布斯（Steve Jobs）除了是一个很厉害的人物之外，还深谙变革的简约之道。成功产品的设计原则与我们谈到的引领整体系统改革其实是殊途同归的，这一点不免让人感到惊讶。让我们先来谈谈前者。

成功产品的设计原则

沃尔特·艾萨克森（Walter Isaacson）为史蒂夫·乔布斯（Steve Jobs）撰写了一本精彩的传记。① 在该书的前半部分，艾萨克森确定了传记的主题，这个主题抓住了极度空间在数字化世界中的设计方向——复杂精巧的设计与不可抗拒且引人入胜的便捷实用相结合，同时还能够以可承受的价格来获得深层次学习。乔布斯谈到他自己早期要为大众市场设计出精美产品的热情（后来他称之为"疯狂的伟大"）："我喜欢真正伟大的设计，它使得产品成本不高且简单易用。"②

麦克·马克库拉（Mike Markkula）是乔布斯在1976年尚未创立苹果公司时吸引的第一位投资者。那时，马克库拉是一位33岁但已退休的创业家，他已经在因特尔（Intel）的股票期权中赚了好几百万。马克库拉提议他和乔布斯首先起草一份商业计划书，马克库

---

① Walter Isaacson, *Steve Jobs* (New York: Simon and Schuster, 2011).
② Ibid., 7.

拉写了该商业计划书的大部分。这个商业计划后来变成了一个了不起的简约变革案例——"苹果的营销哲学",一页纸就表述了三个基本原则(在我们有关行动领导力的研究中用到了这些原则)。

首先是同理心(empathy),与客户的感受紧密联系在一起,"我们将比其他公司更加完整地理解消费者的需求"。其次是专注(focus),"为了做好我们决定做的事情,我们必须放弃那些不重要的机会"。最后也是最重要的原则,它有一个奇怪的名字叫作灌输(impute),这个原则强调人们是根据一个公司传递的信息对该公司和它的产品形成自己的看法。"我们可能拥有最好的产品,最高的质量,最实用的软件等等,但是如果我们用一个随便便的方式推出产品,那么那些产品也将会被视为粗制滥造;如果我们用一个既创新又专业的方式推出产品,那么我们将会把这些人们渴望的品质赋予该产品"。[①]

在乔布斯后来的职业生涯中,他理解了消费者的需要以及愿望,集中于少数关键产品,注重营销和包装的形象和细节。乔布斯后来补充道:"当你打开一个 iPhone 或者 iPad 盒子的时候,我们希望你的触觉体验已经为你如何看该产品定下了基调。"[②]另一个与乔布斯早期设计哲学相接近的概念来自于列奥纳多·达芬奇的格言:"至繁归于至简。"而这一格言也被放在苹果最初的宣传册上。

---

① Ibid., 78.
② Ibid.

极度空间

　　当苹果公司在1977年成立的时候，其市值只有5309美元，到了1980年12月份，其市值达到了17.9亿美元。 1984年，比尔·盖茨说："创造一个新的标准不仅仅是创造一些稍有不同的东西，而是确实要别出心裁并抓住人们的想象力。 而苹果的Macintosh电脑是我见过所有产品中唯一满足这个标准的。"[1]无论是乔布斯离开苹果公司（从1985年到1997年）还是重归掌权，他始终在接下来的时间里继续实现这一标准。 从1984年的Macintosh电脑到2010年的iPad的面市，同理心、专注与形象展示始终是乔布斯的标志。

　　更加简洁。 1987年，IBM公司要为乔布斯所创建的NeXT软件提供许可，并发给了他一份125页的合同。 乔布斯从未阅读过那份合同，而是回复："你们并没有真正理解。"他要求一份更短的合同，而他在一周内获得了那份合同。[2]

　　史蒂夫·乔布斯紧接着通过皮克斯（Pixar）和迪士尼动画工作室（Walt Disney Studios）在动画电影中将创意与科技结合，制作了例如《玩具总动员》（*Toy Story*）等作品。 当乔布斯1997年重返苹果公司时，苹果公司已经失去了同理心、专注与灌输这三种核心品质。 在他回归的第一年期间，他削减了70%正在开发的产品。 在一次关键的会议上，他画了一个有一条竖直的线和一条水平线垂直相交的示意图。 他在图的上方写上"消费者"和"专业人士"，把两

---

[1] Ibid., 160.
[2] Ibid, 232.

个横条标为"桌上电脑"和"便携电脑"。他宣布：我们的工作是创建四个伟大的产品，每一个产品要占据一个象限。艾萨克森在乔布斯传记中写道："正是这种专注的能力拯救了苹果公司。"①

在开发产品过程中乔布斯总是能够与一些关键人物相联系，而这些人（例如早期的史蒂夫·沃兹尼亚克 Steve Wozniak）总能补充和深化乔布斯对复杂至简的领悟。乔纳森·埃维（Jonathan Ive）便是这些能与乔布斯擦出火花的人之一，而他也是1997年乔布斯回到苹果公司后的设计团队的首席专家。当时，埃维处在辞职的边缘，因为他觉得苹果公司迷失了方向。乔布斯说服埃维留下来并承诺：苹果公司的目标不仅仅是赚钱，而且要做出伟大的产品。②他们一起抓住了克卢格（Kluger）的"简复化"理念，这个词语成为了我们行动领导力的另一个口号。③专注于少数宏伟的和关键的因素（至简的那部分），并使它们粘合——使消费者和产品实现良好的化学反应（复杂的那部分）。

乔布斯与埃维一起找到了既简单又复杂的平衡。艾萨克森说："乔布斯从一开始就致力于用简单来征服复杂而不是忽视它们。"用乔布斯自己的话说，"使事情简单需要很多的辛勤工作，才能真正理

---

① Ibid, 337, 339.
② Ibid, 340 - 41.
③ Jeffrey Kluger, *Simplexity* (New York: Hyperion Books, 2008); Michael Fullan, *Motion Leadership: The Skinny on Becoming Change Savvy* (Thousand Oaks, CA: Corwin Press, 2010).

解潜在的挑战和提出好的解决方案"。① 乔纳森·埃维在自己的自传中描述道：

为什么我们认为简单是好的？因为从物理产品的本质上看，我们必须觉得是我们在主宰它们。在你处理好复杂性时，你找到一种让产品顺应你的方法。简单不仅仅是一个视觉风格，也不仅仅是极简主义或没有混乱情况出现。它需要挖掘复杂的深度。想要真正的简单，就需要进入得很深。例如，为了使产品上没有螺丝，你就必须开发出错综复杂的产品。一个更好的方式是，深化简单，理解关于它的一切以及它是怎样生产的。你必须深入了解一个产品的精华才能够删减掉不必要的部分。②

乔布斯曾在《财富》(Fortune)杂志上表示："在大多数的词汇表中，设计(design)这个词意味着粉饰外观。但是对于我而言，没有什么东西能超过设计的意义。设计是人造产品的根本灵魂，它最终表达在随后出现的外观中。"③尽管乔布斯强硬又专制，但产品的设计是设计者、开发者、工程师和制造团队之间高度协作与反复推敲的过程。大量的会议，频繁地回到开始并反复追寻"我们是否需

---

① Isaacson, *Steve Jobs*, 343.
② Ibid.
③ Ibid.

要这部分"。因此出现了 iMac、App stores、iTunes 以及 iPod（出色简洁的滚动键）。艾萨克森认为正是消费者保证了 iPod 的成功。除此之外，iPod 产品还概括了苹果产品的一切："诗意与工程的完美结合，艺术和创造力与技术的融合以及大胆而简单的设计。"①这种新的结合意味着既追求科技又钟爱艺术。

设计者们被优雅的事物吸引，他们致力于制造出前人未做过的东西，创造出我们喜欢使用的产品和服务，而我们喜欢的原因是之前从未享受过这样的产品和服务。他们的内在动机是为了创造出我们及世界喜爱的事物。当用户享用着这些设计时，设计师们就像主厨那样获得很大的愉悦。而金钱则仅仅是副产品。

然后 iPad 出现了，它使我们的"科技—教育—变革"三部曲计划完成了一次重要的飞跃。迈克尔·诺尔（Michael Noer）的故事可以印证这一点。当诺尔在哥伦比亚首都波哥大时，他正在使用 iPad 阅读科幻小说，当一个打扫马厩的男孩走向他时，他将 iPad 递给了这个男孩。这是一个在发展中国家农村地区长大的 6 岁孩子，他又穷又没接受过教育，更没接受过如何使用电脑的指导，甚至连电脑都没见过。然而他立即开始直觉地使用 iPad，划动屏幕，打开应用程序，然后玩弹球游戏。诺尔写道："如果这都不是奇迹，那么我就不知道什么是奇迹了。"②苹果在不到一个月的时间里卖出了

---

① Ibid., 393.
② Ibid., 497－98.

100 万台 iPad，在 9 个月的时间里卖出了 1500 万台。 撇开摩西十诫的两块平板，这款平板电脑标志着无处不在技术的开始，带我们越来越接近简单的本质——对所有人而言。 这真的只是一个新的开始，因为应用程序是无限的。

即便是猩猩也进入了这个科技的行列。 在印尼的丛林中，微软发起了一项实验，一个猩猩不到一分钟就学会了怎样使用 iPad 进行拍照，并随后开始疯狂地拍照。 在这个实验中，猩猩隔着笼子进行实验，因为如果将 iPad 直接给猩猩，它们会倾向于破坏这个机器——这是苹果公司需要解决的另一项问题。 无论如何，我们似乎离猩猩们排队购买 iPad 产品这一情形也为时不远了。

尽管如此，教育革命并非已经实现。 首先，即使是最先进的技术也仍然需要由教育学来引导。 从这个方面看，iPad 甚至可以被认为是不合格的。 奥林·穆雷（Orrin Murray）和尼克·奥尔瑟斯（Nicole Olcese）从教学与学习的角度评价 iPad，他们得出这样的结论：科技企业和政策制定者们被前所未有的创新技术产品的明显威力所诱惑。 为每一个小孩配备一个 PDA（个人数字助理）似乎是非常必要的，但是如果你不关注于最好的教育学，另一项新技术就会被浪费。 仅仅举一个小例子：开发者不注重利用设备的功能和操作系统之间的协作能力。 回顾一下加拿大的某个研究：现在的孩子们在科技工具使用方面是奇才，但是在学习方面如何更好地利用科技却一无所知。 穆雷和奥尔瑟斯最后总结到道我们不能指望一个应用程序能回答人们在现代社会怎样学习的问题。我们的研究表明：能够真正扩展能力的应用程序奇缺……潜在的是缺乏协作能力的培养，当前的情形是太多太多的应用程序只是用于简单的操练或专注于传递可供人消费的内容，而不是创造或重新使用。①

当然，不可否认的是，在好的教育学指导下的科技能够创造奇迹。以我的同事大卫·布斯（David Booth）为例，他曾是文学教授，一直尝试让年轻人，尤其是男孩，热爱阅读。他发给我这样一个案例：

iPad 读写

在安大略省北部蒂明斯一所矿区的子弟学校中，我们开展了一项关于语言能力培养的研究。该研究将 iPad 投入一个全是男孩组成的班级教学里，用 iPad 让孩子们进行日常阅读和写作的活动。在那一年里，我们给每个学生都配备一个 iPad，并建立了电子资源库。这个电子资源库包括了电子小说图书馆，以及研究建议的关于如何组织学生探索学习单元的内容。作为客座教师，我访问了这个班级。在那里我展示了一些 iPad 能够支持的信息和小说文本的读写策略，以及伴随探究活动 iPad 能够促进的思想深化和拓展。我未曾预料到科技竟然能将如此强大的力量放在年轻人手中。即使是

---

① Orrin T. Murray and Nicole R. Olcese, "Teaching and Learning with iPads, Ready or Not," *TechTrends* 55, no. 6 (2011): 42 - 48.

一个业余的爱好者，我也和孩子们以及他们的老师在此过程中共同学习，并且为无线网络设备访问信息的便捷性和可及性着迷。技术顾问先为这些男孩们提供一些实际操作指南，很快地，孩子们找到了连接他们与科技流行文化的游戏，并在屏幕上滑动指尖以获得更多阅读文本，包括超出我所知范围的文本形式。

在接下来的展示中，我想要探索使用因特网的iPad的研究策略。我要求这些男孩们在因特网上寻找他们感兴趣的英雄人物的信息。我将他们的回复写在了平板电脑上，他们心目中的英雄从蝙蝠侠、特里·福克斯到肯尼迪。随着回复的数量越来越多，我要求男孩对他们的回复进行分类。分为政治伟人、名人、艺术家、体育明星、战争英雄以及具有勇气的人，而当一个男孩喊出了"耶稣"时，我们又添加了宗教英雄这一项。他们在因特网上找到的人物可能在一些书本上找不到，并且他们一步一步深入思考如何定义英雄。[①]

更多的网络学习空间正被释放出来。苹果公司将课本变为电子书的行动，甚至包括iBooks Author和可操作选项，都加重了科技的诱惑性，因为科技"看"起来是那么棒。实际上，除非由明智的教育学引导，否则科技永远称不上伟大。如我们所见，基本上，科技有自己的生命以及自己的市场。在这种新学习模式下，我们需要弄

---

① David Booth, personal communication, February 2012.

清老师的新角色。 新科技教学最可怕的地方在于它给人们一种错觉，那就是使用一个个优美的机器就是在学习。

当你惊讶于你 18 个月大的孙女能够使用一些 iPad 程序时，提醒自己这并不比猩猩能这么做而更令人印象深刻（而这可能还只是一种恭维）。 更重要的是，这孩子当然会成长为一个技术能手。 但是，她如何学习在二十一世纪中生存将取决于她是否能够有好的导师和接受好的教学。 科技本领本身不会使你变得聪明（虽然它让你看起来聪明）。

用二十一世纪技能武装的教育学才能带来变革。 意识到了这一点可能是导致韩国停止其数字扩张并重新思考方向的原因。 韩国已经是世界上教育成就最高的五个国家之一，但是它正反省自己要在 2015 年将小学、初中和高中都进行数字化的计划。 韩国最初的想法是全面的数字化会将韩国变成"知识强国"，并培养出为未来做好准备的学生。[①]

不会这么快，韩国的现任领导似乎这样说！ 痴迷于智能手机的学生并不一定更加聪明，却很有可能上网成瘾。 这个情况我们在本书前面罗森（Rosen）的研究中已经看到（韩国政府的一项调查发现 5~9 岁学生中每 12 名就有 1 名沉溺于互联网）。 现在，韩国将更加谨慎地推行数字化教育，比如它先评估 50 个试点学校充分利用

---

① Chico Harlan, "In South Korea Classrooms, Digital Textbook Revolution Meets Some Resistance." *Washington Post*, March 24, 2012.

技术的结果然后再决定下一步怎么做。 韩国政府似乎已经知道在没有一个教育学规划的前提下大规模引入电子书是一件愚蠢的事情。

我的观点不是要终止科技，而是考虑如何整合科技与学习，这也是我们与现存教育文化的冲突所在。 在 2006 年，大卫·威廉姆森·谢弗（David Williamson Shaffer）写了一本书，名为《电脑游戏怎样帮助孩子们学习》（*How Computer Games Help Children Learn*），他提出了如何在课堂之外玩游戏的案例。[①] 谢弗觉得学校的组织方式使实现有效地使用电脑学习太难。 这种回避障碍的方法是行不通的，因为谢弗所提出的游戏其实是以"制造与应用知识"为特征——也即新教育学——而非仅仅了解事实、信息及抽象的理论。

那么，为什么这一次可能会不一样？ 因为我们有一些希望，确实是的，这导致了我写这本书——因为我们对于新教育学了解得更多了，而机器也变得更加先进了。 如果我们能将两者有机结合在一起，我们可能会培养出大量的有创造力的学生。 根据克里斯汀森和雷诺的"颠覆性创新"范式（新改进周期的开始，详见第三章），我们仍然处于它的早期阶段。 这一事实给了我们更多保持乐观的理由。

我不认为史蒂夫·乔布斯是要解决优质教育学与先进科技相整合的问题。 艾萨克森写到：乔布斯对于科技可以改变教育的观点不

[①] David Williamson Shaffer, *How Computer Games Help Children Learn* (New York: Palgrave, 2006).

屑一顾。不管怎样，我不认为乔布斯会有兴致与学校人员通过一次会议对这个主题展开讨论。然而，他瞄准的是每年 80 亿美元的教科书产业，他认为那个市场的"数字化破坏的时机已经成熟了"。他的第一反应似乎是去除塞满教科书的书包，这样学生们就可以不用有随身携带沉重书包的压力。乔布斯说："iPad 会解决这个问题。"这一计划前所未有的实用。他认为雇佣一批优秀的教材编写者来创作数字化教科书，可以让这变为 iPad 的特色。① 这事实上正是苹果正在追寻的方向。

但是，正如我在《极度空间》这本书里所展示的一样，我们可以比优秀的在线教科书做得更好。从小学开始学习到的同理心、专注与归因能力，让我们的梦想或正在做的许多事情悄悄地发生着变化。乔布斯有些期待看到学生作为知识工作者和教师作为变革推动者的场景。对于美国课堂里依旧还基于教师利用黑板和教科书授课的这一情景，他觉得有些荒谬。他主张使用数字化交互性的书籍、学习材料及评价，使学习依据各个学生的不同情况被制定并给予即时反馈。② 他也正在翻转学生与教师的角色，但是我怀疑他想要的似乎是把老师变成局外人。

乔布斯看到了 iPad，它的后继产品，还有那些模仿它的产品，不应该仅仅是平板电脑。他觉得如果这样的话，它们就失去了核心

---

① Isaacson, *Steve Jobs*, 509.
② Ibid., 545.

的东西。2011年3月,乔布斯在iPad2的发布会上说:"它在苹果产品的DNA中,单独的科技是不够的。我们相信只有科技与人性相融合,才能使我们的心灵歌唱。"①当然,当然需要人性——这在我们肯·罗宾森爵士的创造性艺术中见到了,但是乔布斯忽略了引入积极的教育学这一角色。

乔布斯在临近生命的尽头时谈到苹果与消费者的关系,他认为苹果的角色"是要明白消费者在需要之前需要什么"。②这是他所期待的另一个设计原则。我们可以从艾德林·史莱渥士基(Adrian Slywotzky)的书中看到这个设计原则。这本书的名字叫《需求:在人们知道他们想要什么之前创造他们喜欢的》(*Demand: Creating What People Love Before They Know They Want It*)。③史莱渥士基检验了一些快速成功的创新产品,从CareMore Health到Zipcar,然后发现了它们之间的六个共同点。这些创新产品是有吸引力的、轻松自由的,它们的背景故事强大,并专注于诱因、轨迹和变化。

需求的创造者花费了大量的时间去理解人(苹果公司的同理心)。他们一直保持对产品进行发展直至产品变得"完全不可抗拒"。他们培育吸引力,用苹果公司的话说,"无处不在地产生兴奋

---

① Ibid., 527.
② Ibid., 567.
③ Adrian J. Slywotzky, *Demand: Creating What People Love Before They Know They Want It* (New York: Crown Business, 2011).

与对话"。①

需求创造者"找到解决问题的方向"(轻松易用的美)。 他们着手减少烦恼、时间和金钱的浪费——史蒂夫·乔布斯甚至不喜欢开关,因为他觉得一个开关也太多了。 他们也"建立一个完整的背景故事"——设计中的先进性和独创性是为了使用的流畅性。 他们试着在设计中考虑得面面俱到,把事情从一开始就搞定。

这些变革设计者追求"寻找诱因"(to find the triggers),而诱因是让人开始使用的关键。 变化的最大障碍是惯性、怀疑和冷漠。这些是产品的研发过程必须攻克的维护现状的顽固因素。 他们不只是在前期热热闹闹地进入市场就完事了,而是将它看作"建立一个快速上升轨迹的第一步"。 再者,让产品保持简单且专注。 我们在技术层面(产品)和情感层面(与用户相关)都变得更好的速度到底有多快?

最后,他们有目的地计划着变式,史莱渥士基称此为"去平均化"(de-average)。 他们知道一个尺寸是不可能适合每一个人,但是无尽的变式也是不可取的。 他们试着满足每种不同类型用户的需求,也就是个性化。

Zipcar 成功的原因是设计者将供车时间从 10-15 分钟缩减到 5 分钟。 这一变化就非常起作用。 史莱渥士基总结道:"优秀的需求

---

① Ibid., 10.

113

创造者能够消除或减少麻烦,这些麻烦让大多数产品或服务不方便、不便宜、不愉快以及令人沮丧。"①

我们能够理解汽车和食品在这个方面的问题,但是对于一些较难的事情呢? 比如出售交响乐的订票(抑或是改善教育)? 发展服务或者商品的关键在于创新必须集中于消费者,而不是设备(请记住第二章里的案例"奶昔错误")。 为了使更多的人听交响乐或者预约就诊,做一些简单的事情,比如提供免费的停车位或免费接送。 确认你有一个具有吸引力的产品,然而你也需要关心自己所做事情的专业人士。

某集团在9个城市共有9个交响乐团,现在他们决定弄清楚消费者的情况。 史莱渥士基认为怎样提高音乐会的上座率不仅仅要关注演出的质量,而且要了解现存及潜在听众的"需求变式"(demand variation)(这就是变式、去平均化和个性化)。 消费者的变式不是没有止境的,但是消费者肯定不止一个团体。 这项研究发现,难以置信的是91%初次来演唱会的听众都不会再回来。 进一步观察,他们发现有六种不同的消费类型:核心听众、待发展听众、非承诺听众(只听几个音乐会)、特殊场合的听众、像吃零食一样的听众(每年都购买部分门票的常客)以及高潜力听众(那些参加一些音乐会但不购买年票的人)。 在所有人感觉麻烦的问题中,最突出的是停车

---

① Ibid., 40.

问题，另外还有不退款和不换票问题。

过程就是不断地改进。史莱渥士基谈到奥尔德斯·赫胥黎（Aldous Huxley）最喜欢的座右铭就是"万物皆无止境"。[1] 这就是实质。始终要弄明白消费者的需求（甚至在他们有需求之前），让消费者体验到轻松惬意和难以抗拒（如果学校变得轻松和有吸引力会怎样呢？）。史莱渥士基说："需求的阿喀琉斯之踵（致命点）是产品的推出。"大部分创新者觉得他们的产品就是那个创纪元的东西，然而80%的新业务都是失败的。产品发展和服务的进步需要满足一个准则，这个准则就是我们在本章一直讨论的——从一开始就在正确的位置做正确的事情。如果新兴的产品不具吸引力，那么需求创造者将会停止生产它。其次是在新产品推出之后，非常有必要与消费者保持亲密接触——无论是从情感上还是技术上。设计与创造者需要保持轻松惬意与高产出的状态。

史莱渥士基引用了一份来自美国国家工程院的调查报告《二十一世纪的重大挑战》以指出未来的需求。这份报告记录了2008年对美国国家工程院的成员们的一个调查。重大挑战榜单的前五名为：

1. 使太阳能经济可行；
2. 利用核聚变能；

---

[1] Ibid., 176.

3.洁净水的供给；

4.人脑逆向工程；

5.推进个性化学习。[1]

这些专家都是工程师。毫无疑问，医生会将治愈癌症列为自己的优先事项。但是，我敢说大部分领域的人士都会将整合科技、人类和社会学习，以及推进世界进步作为他们目标的前十位。

最后，从一个设计者的角度，艾瑞克·里斯（Eric Ries）在《精益创业》(*The Lean Startup*) 这本书中为颠覆性创新初期阶段提供了一个有价值的视角，尽管这些创新按照其定义尚未实现。关于新教育学的真谛，里斯说我们不得不通过一个迭代过程来发展新教育学，在实践中创造、尝试、精炼、应用以及不断地提高——在实际情况中——而不是在实验室中完善新教育学。

就像我们要实现简约化的愿望一样，里斯提出了一个简洁的三元模型：愿景、尝试行进和加速。方向性的愿景是非常重要的起点，但是你不会真正知道它将带你去哪儿，直到你实验、改善，也即里斯讲的"尝试行进"。一旦在操作层面你知道你正在做的事情，你就会加速。里斯认为，人们通常的想法是，与其花费很多时间完善我们的技术，还不如建立一个最小可行产品（minimum viable product，简称 MVP），虽然它可能是不完美的。建立、检测和学习是核

---

[1] Ibid., 303.

心(但是你知道你必须从有一个非常好的主意——愿景——开始)。里斯认为:"精益创业是审视创新性新产品发展的一种新方法,这种新方法强调在任何时候都快速迭代、对客户的洞察、宏大的愿景与雄心。"①里斯强调要在创造最小可行产品的同时想着最终的任务,那个最终的产品将在后续不断学习验证中产生。

采用这种方式思考,策略只是开发产品的一种手段,而不是用来实现的。这种方法尤其适合不确定和竞争激烈的情况。根据里斯的经验,"成功与失败企业的区别在于成功的企业家具有远见、能力以及工具,这些品质能够让他们发现计划中哪个部分正出色地运转,哪个部分被误导,进而调整相应的策略。"②

里斯的一位同事艾士·莫瑞亚(Ash Maurya)在《精益创业实战》(*Running Lean: Iterate from Plan A to a Plan That Works*)一书中提出更加实用的简约化建议。莫瑞亚的观点是:当我们在一个新领域工作时(正如学校整合教育学与科技),创新的循环就是"速度、学习及专注";"在产品整个发展循环过程中吸引消费者(或学习者)";不间断地"测试愿景"。③这种学习和发展过程不是通过

---

① Eric Ries, *The Lean Startup: How Today's Entrepreneurs Use Continuous Innovation to Create Radically Successful Businesses* (New York: Crown Business, 2012), 20.
② Ibid., 84.
③ Ash Maurya, *Running Lean: Iterate from Plan A to a Plan That Works* (Sebastopol, CA: O'Reilly Media, 2012).

对消费群组前测来实现的（人们不知道他们从未经历的事情）。反而，很像史蒂夫·乔布斯的方法，它是揭示和发现尚未完全形成的需求或愿望，也即通过走进学习者来创造新的现实。

读者也许会注意到里斯和莫瑞亚的观点某种程度上违背了苹果在发布与宣传之前保证设计完美的理念。但是，苹果公司在一定程度上是建立在被证明的成功经验的基础之上的。然而，当你不知道你正在做的事情，不知道前面的水有多深时，你需要"尝试行进"；当你在一片开阔的水域时你需要"加速"，然后你会知道更多。这一情形与极度空间中的生活完全匹配。

在这一章中，我们越来越多地渗透到整合方案的第三部分中。科技和教育学是前两个部分，变革知识是第三部分。就像新教育学，有价值的知识变革在行动上存在偏见——比如愿景、尝试行进和加速；比如准备—瞄准—开火。让我们进一步了解一下变革知识。

变革知识

变革知识是一个让人好奇的短语。我们研究变革已经近四十年。变革知识意味着实施，即将新事物付诸于实施。高质量的实施是保障。要大规模成功实施就需要全面系统的改革。如果是因为表面化的或者差的实施而导致失败，那么将科技与教育学整合到一个新产品中是没有任何意义的。其实那些最终被证实为正确的事情

第五章 设计原则与变革知识

在一开始会使我们气馁。人们在最简单的新事物面前感到棘手并害怕变革，这都是很正常的反应。因此，人们需要获得支持，有时候还需要推动来尝试新事物。这就是我们需要变革知识的原因。它能对我们的世界产生影响。变革知识能够决定到底科技是为我们所用还是起负作用。变革知识让我们更加精确地评价一个忪殊的新事物值得与否。要做出这样的判断意味着需要深入到变革的过程中去。幸运的是，对于变革过程我们是非常了解的，而且当我们与科技为伴时这种知识是至关重要的。

进步对于我们而言就是要"简复化"（simplexity，详见第一章）。我们称之为行动领导力或者说变革智慧的要旨。行动领导力是一种引导个体、组织和全系统积极进步的领导力。对于变革知识，你所做的事情必须满足四条准则：（1）鼓励人们参与深入而有意义的变革，即使最开始时他们并不想那么做；（2）帮助人们从错误的过程和死胡同中学习；（3）使用群体；（4）大规模进行实践（整体系统改革）。为了做到这几点，变革知识必须满足我们在本章所设置的设计准则。在这一节中，我将试着进一步阐明变革知识。表5-1包含了我们变革知识的要旨。教育学和科技提供了方向性的愿景，变革知识帮助我们在学习过程中达到目标。

119

表 5-1 变革知识

	变革知识
1.	专注
2.	创新
3.	同理心
4.	能力建设
5.	广泛传播
6.	透明化
7.	剔除没有必要的事物
8.	领导力

首先要说的事情是，以上所示八个方面必须同时实施并联系起来。在整本书中，我们已经看到了专注的重要性。我们已经明确需要专注于那些少数宏伟的目标，坚持到底，并越走越宽，逐步深入。专注拯救了苹果公司，它也会拯救我们。

当今教育最大的需求是让它自身变得更加有吸引力，掌握深度学习或者高阶技能目标，提升标准，以及缩小某个社会中和整个世界上学生学习成就的差距。处理这个问题需要专注于真实生活中的变革问题，并解决它们。科技在此扮演着一个重要的角色，但它不应是失控的源动力。

专注力也可以让每一个角色都处在正确的位置上，特别是通过重新设置教师与学生的角色。我怀疑史蒂夫·乔布斯和比尔·盖茨都可能会支持解放学生，以便他们能够更容易更方便地获取信息，但是这只是解决方案的一半。2011年5月，乔布斯邀请盖茨勾勒出他心目中教育的轮廓。盖茨认为那应该是学生独立观看讲座与课程，紧接着在教室里相互讨论，进而解决问题。乔布斯和盖茨都觉得过去电脑在学校教育中起到的作用微乎其微。但是盖茨认为，如果电脑和移动设备能够加入更多个性化的课程，并提供激励性的反馈，这一情况会得到改变。①

这个愿景对于我们极度空间的议程来说是不完整的，因为它忽略了教育学——它忽略了教师。教师作为变革推动者，其作用是至关重要的，否则我们得到的将是漫无目的的多重任务。那个波可大的 6 岁文盲小男孩在 iPad 的帮助下学习得相当好，但是如果能有一位有技巧的教师进行引导，那么他将学习得更好。之前提过，18 个月孙女有可能精通使用 iPad，然而，在没有教师或导师的指导下，她很难成功。我们已经知道教师作为变革推动者所需的技能。约翰·海蒂（John Hattie）在对 800 名学生进行元研究后总结道："关键的变革推动因素（按顺序）是知识与技能；行动计划；克服挫折的策略；高度的自信感；监督进程；实现承诺；社会和环境的支持以及最后的自由、控制和选择。"②

在一本后续的书中，约翰·海蒂强调：教师的当务之急必须是持续地搞清楚如何"了解你的影响"。海蒂说："教师的根本任务是

---

① Isaacson, *Steve Jobs*, 554.

② John Hattie, *Visible Learning: A Synthesis of over 800 Meta-analyses Relating to Achievement* (London: Routledge, 2009), 251.

'评价他们的教学对学生学习与收获带来的影响',并'相信学生学习的成功与失败在于他们作为教师或者领导者是否有作为'。"[1]他几乎喊道:我们教师就是变革推动者! 学,而不是教,才是衡量标准。 新教育学翻转了学生与教师的角色。 在这种模式下,学生是知识工作者,学习更好地学习与思考,而教师应把评估看作是他们对学习影响的反馈,并投入到关乎学生的愿望与进步的对话中。 正如我们在第三章中看到的那样,这有可能比我们想的更简单——本质上的容易,学习变成了学生与教师的双赢结果。 我和琳·沙拉特(Lyn Sharratt)在《将学生带入数据》(Putting FACES on the Data)中也曾描述这样的场景。[2]

总之,科技与教育学的整合必须围绕着学生和老师这两个角色而进行,这就是未来教育的关注核心。 乏味的学生与疏远的教师由此重获新生。 上学和教育将让他们感觉身处真正的二十一世纪教育之中。

第二,我们需要使用本章中的设计原则以及第四章开头部分的四条准则,从而支持和发展极为诱人的基于数字化的课程创新。 在此,我将不再重复细节。 但是,我想强调的是,这个进程必将会不断增加其动能。 它明显会变得更好且更加便宜——你找不到比这更

---

[1] John Hattie, *Visible Learning for Teachers*:*Maximizing Impact on Learning* (London:Routledge, 2012), 161 - 62.

[2] Lyn Sharratt and Michael Fullan, *Putting FACES on the Data*:*What Great Leaders Do*!(Thousand Oaks,CA:Corwin Press, 2012).

好的建议了。

第三，同理心正被证实是一个丰富和多面的资源。这不单单是指站在别人的角度去理解和认同别人。我们的变革工作表明，优秀的教师和领导者在别人成功之前都很尊重他们（为了使变革开始）。对那些造成障碍的人，这些教师和领导者有着令人印象深刻的同理心（这就是为什么使人印象深刻的原因）。正如我们在本章所看到的，教学和领导力是在前瞻性地帮助别人创造一个他们自己都不知道的世界。这就是对教学更佳的描述！

教师确实必不可少，只是我们需要的是很多与现有的教师不同的教师。在我们《专业资本》(*Professional Capital*)这本书中，我和安迪·哈格里弗斯（Andy Hargreaves）详细地阐述了什么是教师的专业资本。① 我和哈格里弗斯相信我们应该推进人力资本、社会资本（集中的团体工作）和决策资本之间的结合，并且我们应该将其在所有的教师中推行。虽然我们并没有说明科技是怎样加速这一进程的，但是我们提供了行动路径。

我们现在来讨论一下第四条重要的变革因素：持续的能力建设。能力建设的内容包括个人与团体的知识、技能和倾向性，这些方面都是相对于高标准要求下做事的能力。因为在极度空间中有太多要学习的东西（我在这本书中写到的各种结合几乎都是全新的），

---

① Andy Hargreaves and Michael Fullan, *Professional Capital: Transforming Teaching in Every School* (New York: Teachers College Press, 2012).

我们需要处在一个持续的学习模式中。

教育改革一直都很缓慢。如果出于无奈，我们利用科技却绕过老师，那么学生将在极度空间中变得漫无目的。所有证据都表明，如果让学生自行学习的话，学习效果不佳。教师也是同样的。说到角色的翻转，学生将是成年人的科技老师——这是维系师生新伙伴关系多好的资源啊。

让我们重新定义教师的角色，并赋予他们学习协调者和变革推动者的重要任务，从而使得学习效果显著。将世界看作一个大教室，并拥抱无处不在的技术。正如这本书中所陈述的因素——本质上容易，新教育学，令人震惊的技术——现在的时机最好不过了。这是一个真正的机会，它能让大胆的行动与人类进步的抉择相联系起来：学习的欲望和通过与他人协作来做一些有意义的事情。不采取行动就是让无精打采的教师和学生任由技术摆布。若没有专业资本的能力建设，那么教师也无力和科技较量。

第五，有了同理心以及能力建设作为强有力的变革资源，广泛传播使得快速变革成为现实。关起门来的课堂教学就好比僵尸那样不会传播。iPad 的广泛传播并不仅仅因为它是高品质的创新产品，其实社交网络更是如此，即便是你的祖父母也会不可避免地上瘾。

我们的变革知识将社会传播视为主要策略。回想一下创新性教与学（ITL）的研究成果，创新性教与学方法只是在零零星星的学校中被发现，它并没有进入大批学校与教育系统中。如果想利用一个加速的策略来改变这种现状，那么我们必须使用团体。 也就是说，需要弄清楚创新性教师怎样展开工作，并让他们作为其他教师的变革推动者。 这些创新性教师比他们的同事要更明白怎样进行教学。这就是 Badiliko 项目在非洲亚撒哈拉地区所做的事。 在那里，领导教师们被培训为"数字化大使"（digital ambassadors），并与其他教师接触，帮助他们提升对数字资源的访问和使用。[1]

利用同事的策略是麦肯锡（McKinsey）集团研究的重要发现。他们研究了全世界范围内的 20 个教育成功的地区或国家。 这些教育系统有些经历了从低下的质量到差强人意，有些从差强人意到好到优秀再到卓越的转变。 麦肯锡团队总结到：由于系统中教师能力的提高，同行变成了创新的最大资源。[2] 领导力也是非常重要的，但它的运转是为社会传播服务的。 社会资本是一种新的资源。

第六，透明化并不是窥探。 它是与他人一起创造和评价新事物。 我们已熟知结果透明化与实践透明化所带来的巨大好处，但透明化必须以非评判主义（否则人们会掩盖事实）和合作为特征。 我们将在争论过程中收获充分的责任感。

第七，另一个变革原则，同样也是设计原则，那就是要毫不犹豫

---

[1] Joe Lemaron, personal communication with author.

[2] Mona Mourshed, Chinezi Chijioke, and Michael Barber, *How the World's Most Improved School Systems Keep Getting Better* (London: McKinsey & Company, 2010).

地摒弃那些不重要的。我们有时候会将不必要的事物称作"干扰因素"。干扰因素是专注力邪恶的同胞兄弟。在教育改革中也存在太多不必要的事物。如果我们能显著减少这些东西,那么我们就能够节约大量的金钱并避免失败。

在2011年的一篇文章中,我将四种不必要的事物称作"错误的驱动器"。① 外部问责(external accountability)代表着巨大的花费,还不起作用——存在更好更便宜的方式来获得真正的内部责任感。个人主义解决方案(individualistic solutions)——更多英雄式的教师和校长——是另一种时间和金钱的浪费。反之,如果着眼团体的发展——社会资本,你将能够更好地、大规模地发展个人能力。科技是我所说的第三种"错误驱动器",那是因为科技被当作一个主要角色,而非它本应有的加速驱动器地位。我们赋予科技的负面作用和优点同样多。这就是为什么我们需要新教育学和道德责任作为关键驱动,然后你才会不可避免地想要科技作为最好的实现它们的手段。特别地相对于系统性政策的临时性对策(ad hoc versus systemic policies)是我所说的第四种错误驱动——发射管道堵塞了。在动态交互性系统中,整体效应比部分的总和更大。最终,变革知识的八大因素如系统粘合剂一样促使团体的学习。这样八大因素中

---

① Michael Fullan, *Choosing the Wrong Drivers for Whole System Reform*, Seminar Series Paper No. 204 (Melbourne, AU: Centre for Strategic Education, 2011).

的任何一个都具备了整体性的力量。

第八，领导力需要成为最终的整合驱动器。也就是说，领导者的角色是需要协调组织我们刚刚谈到的变革知识的其他七大因素。那么，领导者需要培养其他人的能力，包括专注力、创新力、同理心、学习能力、协作能力、喜欢透明度、去除不必要部分，并发展本人和其他人的领导力。最终，每个人都会成为变革推动者。

变革知识对于你成功的快慢会产生显著影响。了解了变革知识，现在让我们用表5-1中的八大因素作为检测标准，让我们把变革过程想象成为一个学习的主张。让愿景来引导，但是与其他人一起尝试行进付诸于行动，巩固你的学习，然后加速行动。巧妙地使用变革知识从而理解其中的阻碍并超越它们。变革的秘诀正是这样的。它在大多数环境中是可以管理的。这就像是学习，当你和别人在一起做有意义的事情时，你就可以创造奇迹。

我们现在的挑战在于将最好的变革知识与最好的科技和教育学相结合。如果我们做到了这点，源于教育学、科技以及变革知识这三股力量的协同增效作用，教育变革步伐将急剧加快。教育学、科技以及变革知识协调运转将会成为学习的强大动力。一旦这种情形出现，我们可以肯定的是，科技能够给予的将超出其索要的，它将成为塑造未来的极具能量的因素。

第六章 让科技奏效

> 科技不是万能的,并非所有的科技都适用于教学。而且伟大的教学法能够且将会独立于科技而存在。然而,有时我们并没有恰当使用和充分利用科技的力量。

事实上，科技已经剧烈影响了社会上你所能想到的除教育之外的每一个领域。不得不说，这着实令人震惊。学习，无疑是世界上最重要的人力资源，却不受益于星球上最伟大的科技资源。因此，现在正是让电子设备进入学校，并让学校全天24小时使用电子设备的时候了。

对我们来说，科技是一种太强有力的工具，因此我们必须得有一个计划才行。也许我们对待科技就好像它是一个有生命的现象——至少如同植物或雪崩般富有活力。天晓得，如我曾提起的那样，也许五十年后同机器人结婚都将是合法的！更奇怪的事情曾经发生过。在任何情况下，我们需要采取系统化方法思考科技，并且学着与其保持平衡：把科技当作生物圈的一部分。

我前面提到的主张是与科技赛跑而不是与其对抗。同样的考虑适用于科技与教师间的关系。任何国家如果觉得投资科技就能够弥补优秀教师的缺失，他们的这种心态是不对的。永远不要脱离开教师和导师这一因素去思考科技的问题。只有掌握科技的教师们才会产生积极影响。学生是第三个合作伙伴。三者缺一不可。

人们没有意识到美国的公共教育系统处境是多么糟糕。在世界上排名二十或更靠后已经不仅仅只是统计意义上的差距了，这其中大多数问题被掩盖起来了，而这些问题往往比批评家意识到的更糟糕，并且一直在恶化下去，如同一个人患了脑癌却还忽视它。下一个十年的目标——我们能够完成它——应该是使学习实现事半功倍。

科技、教育学和变革知识的整合使这个目标具有真正实现的可能性。它甚至可能并没有预料的那么难，因为一旦某些流程被启动并沿着正确的方向前进，它们将有自己的生命。复杂性理论一直是为了寻求简约优雅，让少数几个关键力量得以释放，然后识别和收获过程中产生的奇特因子。但是我们在这里讨论的问题并没有那么神秘。

我有坏消息以及更坏的消息

教育系统的平均表现不是最重要的因素，相反，低水平和高水平表现者之间的差距才是最重要的因素。健康经济学家理查德·威尔金森（Richard Wilkinson）和凯特·皮克特（Kate Pickett）明确表明了"为什么大多数更平等社会总是做得更好"。① 社会中教育和经济方面的不平等与以下这些令人不安的因素有关联：信任程度，精神病，预期寿命和婴儿死亡率，肥胖，孩子的教育表现，青少年生育，谋杀以及入狱率等等问题。并且不仅仅是穷人深受其害。不平等社会从顶层至底层的所有阶级在大多数幸福指标上都不尽如人意。正如威尔金森和皮克特所展示的那样，美国是所有发达国家中最不平等的社会之一。

---

① Richard Wilkinson and Kate Pickett, *The Spirit Level: Why More Equal Societies Almost Always Do Better* (London: Penguin Books, 2009).

还有更糟糕的消息。数十年来，不平等的问题正演变得越来越显著和根深蒂固。不平等的加剧如同社会的定时炸弹。迄今为止，科技还没有成为我们的朋友（如我在本书中所论证的，因为我们还未使它成为我们的朋友）。在《与机器赛跑》（*Race Against the Machine*）一书中，艾瑞克·布林约尔松（Erik Brynjolfsson）和安德鲁·迈克菲（Andrew McAfee）声称，我们与科技间的被动惯性般的关系正在杀死我们。在"创造性破坏"（creative destruction）的大旗下，他们这样说："数字化科技日新月异，但是组织和技能跟不上科技的革新。其结果是，数以百万计的人被抛在后面。他们的收入和就业机会都被摧毁，这使得他们的绝对购买力比数字化革命之前更糟。"①虽然利用 GDP 方法统计的美国平均收入有所提高，但利益并没有平均分配。布林约尔松（Brynjolfsson）和迈克菲（McAfee）的数据显示：从 1983 年至 2009 年，前 20% 的上层阶级的收入一直保持增长，然而其他 80% 的人净收入却在减少。

这两个作者说，在不远的将来，人口中的 90% 将可能成为失败者。自 2002 年以来，1% 的上层阶级的财富增长占到了所有增长的 65%。2008 年以来，资本支出增长达 26%，然而劳动力成本持平。

---

① Erik Brynjolfsson and Andrew McAfee, *Race Against the Machine: How the Digital Revolution Is Accelerating Innovation, Driving Productivity, and Irreversibly Transforming Employment and the Economy*(Lexington, MA: Digital Frontier Press, 2011, eBook).

企业利润处于五十年来的高点，然而劳动收入却处于五十年来的低点。总之，从劳动力到资本（富人拥有的资本）存在一个明确且不可逆的（有惯性造成的）转变。如果我们将这种趋势与威尔金森和皮克特的分析联系起来，这是一个谁也无法即时制造的极具灾难性的隐形炸弹。可以肯定的是，这对富人或穷人都绝无好处。我们正在创造的这种不可持续情形既是社会经济的也是关乎环境的，且这种趋势不是有目的地造成的。富有的人只是用好了他们的资源，因为他们有能力更好地利用机会，因为他们比其他人更容易获得教育和科技结合的强大力量。没有法律规定大多数人可以且应该从科技进步中自动获益。

我有一个解决方案

在你知道解决方案之前，我们回顾一下在 100 年前经济大萧条的绝望环境之下罗斯福的就职演讲。富兰克林·罗斯福（Franklin Roosevelt）说："任何一个国家，不管它多么富裕，都不能承受对人力资源的浪费。巨大的失业造成的道德失范是我们最大的挥霍。从道德上说，它是对我们社会秩序最大的威胁。"[①]

该解决方案始终潜伏在我们一直研究的极度空间中，它不应将

---

① Franklin Delano Roosevelt, address of the president delivered by radio from the White House, September 30, 1934, http://www.mhric.org/fdr/chat6.html.

资本建立在劳动之上，而应使资本与劳动并行。这一观察结果引导我们必然指向整合的三位一体，而这种三位一体即是本书的基础。简约的方案很简单但强有力。这个解决方案在于教育学、科技和变革知识三股力量的整合（表6-1）。如果你想阻止失败的势头，我们需要让它全部与学习相关（教育学部分），让科技渗透全部（科技部分），并且调动整个系统（变革知识部分）。

表6-1 解决方案

	解决方案
1	让它全部与学习相关
2	让科技渗透全部
3	调动整个系统

由于长篇大论对变革的作用不大，所以最好是有一个实用且强大的核心理念。实用指的是它可以作为行动的指引，而强大指的是它能产生远超出我们预期的效果——它会释放，如果不是自动发生的话，"引起"好事情在大范围内发生也是可能的。

我们应该做的是在脱离计划学习本身的评价上花更少的钱，同时花更多的钱创造不可抗拒的学习体验。这就是为什么我让教育学或学习作为基本驱动力。第一个要问的问题是："我们该怎样做才能让所有的事情都是关于学习呢？"读写素养和深入学习目标——高阶技能（严格意义上的读写素养是高阶技能的一种）需要占据主导地位。创造力、激情和目标亦需发扬光大。我们需要逐步建立一个教学方法,这种教学方法使得教师成为学生在成长过程中的变革推动者或导师,同时学生越来越多地沉浸于对现实生活问题的解决之中。

第二,如果我们不能着实地让科技渗透到全部,其实应该是推动它发生,那么我们就不能做到让所有事都与学习相关。我们已经知道数字化的力量几乎是无限的。如果我们与科技同行,那么科技想要的就是我们想要的。与大自然作对,人类从来都不会成功;同样地,人类也不应该和机器作对。可持续发展的经验已经告诉我们,我们的将来唯有依靠专注力、同理心与和谐这三者,并使之成为我们的常用策略。杰里米·里夫金(Jeremy Rifkin)曾称此为"同理心文明"(empathic civilization),只要我们帮助它建立起来,进化就能站在我们这一边了。①

让科技渗透到全部不应只是一个抽象的主张。仅仅在学校中放宽对科技的使用这个举措就已大有裨益了,正如我们曾提到过的"带着小型电子设备去上学"或"6岁的没有文化的小男孩拿着iPad"这类现象。但是我们能做的远不止于此。正如我们所讨论的那样,我们应该利用深层次与简单易用的方式,让教育学和科技相结合进行创新性学习。这样做是为了加深这种创新(记住:结合科

---

① Jeremy Rifkin, *The Empathic Revolution: The Race to Global Consciousness in a World of Crisis* (New York: Penguin Books, 2009).

极度空间

技和教育学使其成为不可抗拒的体验）。我的预测是，在2013年左右这些类型的创新的质量和数量会有突破。让我们不要为它们进入公共教育体系系统制造障碍。我们要相信这是在利用科技来提高人力和社会资本。最根本的问题是：我们如何能最有效地发挥科技的作用？

上升中的创新

我们将受益于连续快速且深层的创新改革。让我们举这种情形下的三个例子：一个是特种科技；另一个是社会创新；第三个是由未来科技创新带来的未知的红利（也有可能是危险）。

在我们详细地叙述这三个例子之前，先来考虑一下成本问题。在本书中，我没有考虑任何财政的分析，但是潜在的假设是当质量和效果提升时，成本将会降低。当科技的成本降低时，科技会变得更加强大。许多教育学的创新释放了廉价劳动力，因此可以这么说——学生做更多的工作（但是发现它如此迷人），成年人得以进行更有效率的交流，信息领域变得更广泛（广大的使用者团体通过信息传播和反馈来得到高质量的信息），有能力的教师能影响更多学生，网络上无数的免费数字化资源不断地增多等等。当质量提升后，成本得以大大降低。我们应该以这种思维模式进入这个新纪元。主要的驱动力不应该是降低成本，然而人均成本会自然地下降。

现在来讲讲这三个例子。

关于这个特种科技例子,伟大的电影摄制者和教育家普特南爵士(Lord Puttnam)在对爱尔兰小学校长的一次讲话中预测到:声音识别虽然刚刚萌生,但在十年内将会主导生活的所有方面。[1] 我们还未开始理解这种不可阻挡的趋势,但它很快就会变成一种无处不在的现象了。

第二个突破性进展是一个社会创新例子。这个例子来源于丹尼尔·乔治(Daniel George)和怀特豪斯夫妇(Catherine Whitehouse 和 Peter Whitehouse)及他们的同事对代际交互性(intergener-ativity)学习的研究,如何让老年人和青年人"为了培养集体智慧和社区健康"[2]聚到一起。两代人之间的学习现象具有极度空间的所有特点。这种现象充满真实生活的所有问题解决过程,并以相同方式教会青年人和老年人如何培养社会责任、公民责任和环境责任。它教会两代人代际间的共鸣,成本低廉且对新资源要求不多。另外,当青年人教授老年人时,科技成了一个自然的社会团结剂。因此,每个人都可从中获益。

第三个例子是基于我们认为的,从整体上看,科技创新在下一

---

[1] Lord Puttnam (Speech to the Irish Primary Principals' Network, Dublin, January 26, 2012).

[2] Daniel George, Catherine Whitehouse, and Peter Whitehouse, "A Model of Intergenerativity," *Journal of Intergenerational Relationships* 9, no. 4 (2011): 389 - 404.

个阶段会步入井喷阶段,但是我们尚不知它到底会带来什么。我们可以用药物的使用作一个类比,艾瑞克·托普尔(Eric Topol),一个该领域的药学博士和专家,称这种现象为"药物的创新性破坏"。(creative destruction of medicine)①

  托普尔记载了他所见到的史无前例的基因组、无线传感器、成像、信息系统、移动互联和社会网络体系的集合。相关的细节已经超越我这本书的讨论范围,但是让我们仅从生物学角度考虑,现在科学家已经可以利用相关技术绘制出每个人的DNA顺序以揭露个体基因组成。当将成像和信息系统纳入考虑,我们很快会进入一个未知领域,我们将可以预测从而改变——甚至预防——疾病的攻击。像托普尔所做的那样,在不远的将来我们不需要仅仅在科幻小说中想象,"我们能够使用通过手机无线激活的大脑芯片(安装的)以满足我们的需要,比如提升我们的心境,控制我们的性情或突然变得浪漫"。②

  暂且把这种幻想放在一边,托普尔总结道:"实质上,药物创新性破坏将使'我们获得如此详细的有关个体的知识以至于我们能够建立个体的科学'。"③

---

① Eric Topol, *The Creative Destruction of Medicine: How the Digital Revolution Will Create Better Health Care* (New York: Basic Books, 2012).
② Ibid., 235.
③ Ibid., 228.

教育学家将认识到这正是"个性化"（personalization）学习的目标——大范围地、精确地为个人也为所有人量身定做学习的途径。极度空间预测到，这就是我们已经进入的时代。更为重要的是，由于可能性的激增，我们必须拥有属于我们的智慧。这些智慧关乎科技和教育学如何融合在一起来创造学习经验和学习效果。这样的学习体现了我在第四章中提出的四个标准——具有心无旁骛的专注力；具有事半功倍的效率（有挑战性但易于使用）；具有无处不在的科技力量；具有精通解决现实问题的能力。

除了对科技和教育学的精通，我们还需要第三个关键要素：变革知识。如果我们采用本质上容易的方法，那么它们在学校中的实施将欣欣向荣。在第三章中提到过，如果我们能够俘获人的兴趣并给予他们愉快的和值得的体验，那么改变真的不是我们想象的那么难。如果我们能够帮助释放同伴的力量而互相学习（如学生和教师一样），成果就能够十分显著。如果我们能使用代际间的相互学习，效果甚至将会更好。创新来源于已经走在前头的同龄人和所有能够互相学习的各年龄层的人。用一个不太贴切的比喻来说，在很大程度上，这就是廉价劳动力。这个影响会如同我们所知道的社会网络的影响那样令人吃惊。简而言之，我们需要翻转学生和教师、青年人和老年人的角色，构建起新学习方法间内在的各种强大联系。

变革知识的另一个层面与整个系统的政策和策略有关。我在讲的不是一个宏伟的设计而是更加简约的设计。在安大略省，将积极的系统方向与广泛的自下而上的参与和自主权结合起来并没有花费我们很多精力（我们几乎没有使用科技的力量）。我和同事们始终致力于为整体系统改革发展强大的系统能力。①我们需要州府、省和国家在整个系统议程内变成合作伙伴。他们所需要做的就是要确保这个工作充分使用科技、教育学和变革知识的整合。从这个意义上说，整个州就是变革的单元。我们正看到政客、政策制定者、出版商和大学对这个议程日益增长的兴趣——如果你愿意的话，可称之为神圣的三位一体。举个例子，在州重点学校管理者委员会（Council of Chief State School Officers，简称CCSSO）和几个主要的教育基金会的赞助下，几个州府已经形成了一个共同体。他们正以创新实验室网络（Innovation Lab Network）的名义推进上文所述的这个议程。②

我们的变革知识告诉我们，为了调动整个系统参与变革，我们必须能够将特定的高效的创新和策略与可以广泛传播的局部实施结合起来。在科技的帮助下，我们就能使创新的内容广泛传播。

顺便说一句，精益创业的要旨（快速的学习周期）和类似极度空

---

① Those of us directly working on system capacity include Sir Michael Barber, Carol Campbell, Peter Hill, Ben Levin, Sir Ken Robinson, Peter Senge, and the Motion Leadership/Madcap group.

② Council of Chief State School Officers, The Next Generation Learners (Washington, DC: CCSSO, 2011).

间的解决方案可以帮助发展中国家跨越时间表发展，从而实现惊人的、快速的和低成本的进步。 当然这是另一本书的主题。

科技不是万能的，并非所有的科技都适用于教学。 而且伟大的教学法能够且将会独立于科技而存在。 然而，有时我们并没有恰当使用和充分利用科技的力量。 一方面，当我们在使用科技探索为了所有人的学习的道路的时候，我们要小心！ 在另一方面，如果我们继续将科技仅用作道具，继续沿着以学习标准和测评至上的路线沉重前行的话，我们将有应得的报应——教育将越来越乏味。

现在是打开盖子来学习的时候了。 所有东西都在那儿等待我们去使用。 我们已经看到沮丧的学生和教师可以与适当组合的三位一体产生共鸣。 是时候把教育变成一个令人极度兴奋的方式了，让我们在极度空间里相遇以获得事半功倍的学习成果。 让我们改变游戏规则，再也不要为只是放在架子上的科技买单。 让我们与机器赛跑，让科技为我们买单！ 如果我们能把这件事情弄明白了，我们将会发现科技想要的就是我们想要的。

参考文献

"All the World's a Game." Special Report: Video Games, *The Economist*, December 10, 2011.

Amabile, Teresa, and Steven Kramer. *The Progress Principle: Using Small Wins to Ignite Joy, Engagement and Creativity at Work*. Boston: Harvard Business Review Press, 2011.

Andrews, Lori. "Facebook Is Using You." *New York Times*, February 4, 2012, 7.

Brown, Jesse. "Gadget Goes to School." *Toronto Life*, January 2012.

Brynjolfsson, Erik, and Andrew McAfee. *Race Against the Machine:*

参考文献

How the Digital Revolution Is Accelerating Innovation, Driving Productivity, and Irreversibly Transforming Employment and the Economy. Lexington, MA: Digital Frontier Press, 2011. eBook.

Carr, Nicholas. *The Shallows: What the Internet Is Doing to Our Brains.* New York: W.W. Norton, 2010.

Christensen, Clayton, and Michael Raynor. *The Innovator's Solution: Creating and Sustaining Successful Growth.* Boston: Harvard Business School Press, 2003.

Cisco-Intel-Microsoft.*Assessment and Teaching of 21st Century Skills.* Melbourne, AU: ATC21S, 2010.

Council of Chief State School Officers. *The Next Generation of Learners.* Washington, DC: Council of Chief State School Officers, 2011.

Dixon, Bruce, and Susan Einhorn.*The Right to Learn: Identifying Precedents for Sustainable Change.* Anytime Anywhere Learning Foundation, IdeasLAB, and Maine International Center for Digital Learning, 2011.

Doidge, Norman. *The Brain That Changes Itself.* New York: Penguin Books, 2007.

Fullan, Michael.*Motion Leadership: The Skinny on Becoming Change Savvy.* Thousand Oaks, CA: Corwin Press, 2010.

Fullan, Michael.*Choosing the Wrong Drivers for Whole System Reform*. Seminar Series Paper No. 204. Melbourne, AU: Centre for Strategic Education, 2011.

Fullan, Michael, David Devine, Greg Butler, Claudia Cuttress, Mark Hand, Richard Mozer, and Lyn Sharratt. "Motion Leadership/Madcap." Unpublished paper, Toronto, 2011.

Fullan, Michael, and Nancy Watson. *The Slow Road to Higher Order Skills*.San Francisco: Report to the Stupski Foundation, 2010.

Fullan, Michael, and Nancy Watson. *Deeper Learning: A Right/Wrong Drivers Perspective*. San Francisco: Report to the Hewlett Foundation, 2011.

Gallagher, Winifred.*Rapt*. New York: Penguin Books, 2009.

Bill & Melinda Gates Foundation.*Supporting Students: Investing in Innovation and Quality*. Redmond, WA: Bill & Melinda Gates Foundation, 2011.

George, Daniel, Catherine Whitehouse, and Peter Whitehouse. "A Model of Intergenerativity." *Journal of Intergenerational Relationships* 9, no. 4 (2011): 389 - 404.

Goldin, Claudia, and Lawrence Katz.*The Race Between Education and Technology*. Cambridge, MA: Harvard University Press, 2008.

Goleman, Daniel, Lisa Bennett, and Zenobia Barlow.*Ecoliterate: How Educators Are Cultivating Emotional, Social, and Ecological

Intelligence. San Francisco: Jossey-Bass, 2012.

Government of Alberta. *Inspiring Action on Education*. Edmonton: Alberta Education, 2010.

Hargreaves, Andy, and Michael Fullan. *Professional Capital: Transforming Teaching in Every School*. New York: Teachers College Press, 2012.

Harlan, Chico. "In South Korea Classrooms, Digital Textbook Revolution Meets Some Resistance." *Washington Post*, March 24, 2012.

Hattie, John. *Visible Learning: A Synthesis of over 800 Meta-analyses Relating to Achievement*. London: Routledge, 2009.

Hattie, John. *Visible Learning for Teachers: Maximizing Impact on Learning*. London: Routledge, 2012.

Isaacson, Walter. *Steve Jobs*. New York: Simon & Schuster, 2011.

Jackson, Maggie. *Distracted: The Erosion of Attention and the Coming Dark Age*. New York: Prometheus Books, 2008.

Kelly, Kevin. *What Technology Wants*. New York: Viking, 2010.

Kluger, Jeffrey. *Simplexity*. New York: Hyperion Books, 2008.

Koller, Daphne. "Death Knell for the Lecture: Technology as a Passport to Personalized Education." *New York Times*, December 5, 2011, D8.

Lehrer, Jonah. *Imagine: How Creativity Works*. New York: Houghton Mifflin Harcourt, 2012.

Levin, Ben. *More High School Graduates*. Thousand Oaks, CA: Corwin Press, 2012.

Maurya, Ash. *Running Lean: Iterate from Plan A to a Plan That Works*. Sebastopol, CA: O'Reilly Media, 2012.

McGilchrist, Iain. *The Master and His Emissary: The Divided Brain and the Making of the Western World*. New Haven, CT: Yale University Press, 2009.

MetLife, *The MetLife Survey of the American Teacher: Teachers, Parents, and the Economy*. New York: MetLife, 2012. www.metlife.com/assets/cao/contributions/foundation/american-teacher/MetLife-Teacher-Survey-2011.pdf.

Microsoft Partners in Learning. *Innovative Teaching and Learning Research*. Redmond, WA: Bill & Melinda Gates Foundation, 2011.

Millstone, Jessica. *Teacher Attitudes about Digital Games in the Classroom*. New York: Joan Ganz Cooney Center at Sesame Workshop, 2012.

Moeller, Babette, and Tim Reitzes. *Integrating Technology with Student-Centered Learning*. Quincy, MA: Nellie Mae Education Foundation, 2011.

Morozov, Evgeny. *The Net Delusion: The Dark Side of Internet Freedom*. New York: Perseus Book Group, 2011.

Mourshed, Mona, Chinezi Chijioke, and Michael Barber. *How the World's Most Improved School Systems Keep Getting Better*. London: McKinsey & Company, 2010.

Murray, Orrin T., and Nicole R. Olcese. "Teaching and Learning with iPads, Ready or Not." *TechTrends* 55, no. 6 (2011): 42 - 48.

Norrena, Juho Matti, Marja Kankaanranta, and Arto Kalevi Ahonena. "Innovative Teaching in Finland." Paper presented at the Annual Meeting of the American Educational Research Association, Vancouver, BC, April 2012.

Pariser, Eli. *The Filter Bubble: What the Internet Is Hiding from You*. New York: Penguin Books, 2011.

Prensky, Marc. *Teaching Digital Natives: Partners for Real Learning*. Thousand Oaks, CA: Corwin Press, 2010.

Prensky, Marc. "Khan Academy." *Educational Technology*, July - August 2011.

Prensky, Marc. "The Reformers Are Leaving Our Schools in the 20th Century." In *Digital Natives to Digital Wisdom: Hopeful Essays for 21st Century Learning*. Thousand Oaks, CA: Corwin, 2012. (Also online at http://www.marcprensky.com/writing/+Prensky-The_Reformers_Are_Leaving_Our_Schools_in_the_20th_Century-please_distribute_freely.pdf.)

Quaglia Institute.*My Voice* National Student Report (Grades 6 - 12) 2011. Portland, OR: Quaglia Institute, 2012.

Ries, Eric.*The Lean Startup: How Today's Entrepreneurs Use Continuous Innovation to Create Radically Successful Businesses.* New York: Crown Business, 2012.

Rifkin, Jeremy.*The Empathic Revolution: The Race to Global Consciousness in a World of Crisis.* New York: Penguin Books, 2009.

Robinson, Ken. *The Element: How Finding Your Passion Changes Everything.* New York: Viking, 2009.

Robinson, Ken.*Out of Our Minds: Learning to Be Creative.* Westford, MA: Courier Westford, 2011.

Rosen, Larry.*Rewired: Understanding the iGeneration and the Way They Learn.* New York: St Martin's Press, 2010.

Rosen, Larry.*iDisorder: Understanding Our Obsession with Technology and Overcoming Its Hold on Us.* New York: Palgrave, 2012.

Schlechty, Phillip.*Engaging Students: The Next Level of Working on the Work.* San Francisco: Jossey-Bass, 2011.

Schwaber, Ken.*Agile Project Management with Scrum.* Redmond, WA: Microsoft Press, 2004.

Sengupta, Somini. "Should Personal Data Be Personal?" *New York Times*, February 4, 2012, 7.

Shaffer, David Williamson. *How Computer Games Help Children Learn*. New York: Palgrave, 2006.

Sharratt, Lyn, and Michael Fullan. *Putting FACES on the Data: What Great Leaders Do!* Thousand Oaks, CA: Corwin Press, 2012.

Shirky, Clay. *Cognitive Surplus: Creativity and Generosity in a Connected Age*. New York: Penguin Press, 2010.

Slywotzky, Adrian J. *Demand: Creating What People Love Before They Know They Want It*. New York: Crown Business, 2011.

Smits, Willie. "DeforestACTION." 2011. http://www.ted.com/speakers/willie_smits.html.

Steeves, Valerie. *Young Canadians in a Wired World—Phase III: Teachers' Perspectives*. Ottawa: Media Awareness Network, 2012.

Tierney, Sean, ed. *Innovate!: Collective Wisdom from Innovative Schools*. Self-published, 2011.

Topol, Eric. *The Creative Destruction of Medicine: How the Digital Revolution Will Create Better Health Care*. New York: Basic Books, 2012.

Trilling, Bernie, and Charles Fadel. *21st Century Skills: Learn-*

ing for Life in Our Times. San Francisco: Jossey-Bass, 2009.

Wagner, Tony. *Creating Innovators: The Making of Young People Who Will Change the World*. New York: Simon and Schuster, 2012.

Watson, John, Amy Murin, Lauren Vashaw, Butch Gemin, and Chris Rapp. *Keeping Pace with K - 12 Online Learning: An Annual Review of Policy and Practice*. Durango, CO: Evergreen Education Group, 2011. www.evergreengroup.com.

Wilkinson, Richard, and Kate Pickett. *The Spirit Level: Why More Equal Societies Almost Always Do Better*. London: Penguin Books, 2009.

Wilson, David Sloan. *Evolution for Everyone*. New York: Delacorte Press, 2007.

Yeager, David S., and Gregory M. Walton, "Social-Psychological Interventions in Education: They're Not Magic." *Review of Educational Research* 81, no. 2 (2011): 267 - 301.

Young, Michael F., Stephen Slota, Andrew B. Cutter, Gerard Jalette, Greg Mullin, Benedict Lai, Zeus Simeoni, Mathew Tran, and Mariya Yukhymenko. "Our Princess Is in Another Castle: A Review of Trends in Serious Games for Education." *Review of Education Research* 82, no. 1 (2012): 61 - 89.

安大略校长理事会（Ontario Principals' Council）

　　安大略校长理事会(Ontario Principals' Council，简称 OPC)是一个自发组织的职业协会，代表安大略省公立学校系统中校长与副校长的利益。目前，OPC 代表了超过五千名在职的中小学的学校领导人以及六百多名来自教育社区的非正式会员。

　　我们相信优秀的领导力将带来杰出的学校和学生成就的提升。为了这个目标，我们通过世界级的职业服务与支持推动高质量领导力的发展。作为一个 ISO 9001 注册机构，我们致力于将高质量的领导力作为我们的主要产品。